AF324829

CLIFFORD H. BISSELL

Assistant-Professor of French
Université de Californie

LES CONVENTIONS

DU

THÉATRE BOURGEOIS CONTEMPORAIN

EN FRANCE, 1887-1914

PARIS (Ve)

LES PRESSES UNIVERSITAIRES DE FRANCE

49, Boulevard Saint-Michel, 49

LES CONVENTIONS
DU THÉATRE BOURGEOIS CONTEMPORAIN
EN FRANCE, 1887-1914

SPECTACLES   SPECTACLES
PATTISON
L'AMOUR
MASQUÉ
FRANÇAIS
PRINCESSE
LE PASSE
HERNANI

CLIFFORD H. BISSELL

Assistant-Professor of French
Université de Californie

LES CONVENTIONS

DU

THÉATRE BOURGEOIS CONTEMPORAIN EN FRANCE, 1887-1914

PARIS (V°)

LES PRESSES UNIVERSITAIRES DE FRANCE
49, Boulevard Saint-Michel, 49

1930

PRÉFACE

Je professe absolument et sans réserve cette doctrine, que la science n'a
d'autre objet que la vérité, et la vérité pour elle-même, sans aucun
souci des conséquences bonnes ou mauvaises, regrettables ou heureuses,
que cette vérité pourrait avoir dans la pratique. Celui qui, pour un motif
patriotique, religieux et même moral, se permet dans les faits qu'il
étudie, dans les conclusions qu'il tire, la plus petite dissimulation, l'alté-
ration la plus légère, n'est pas digne d'avoir sa place dans le grand
laboratoire où la probité est un titre d'admission plus indispensable
que l'habileté.

(Gaston Paris, *La Chanson de Roland et la nationalité française*).

Le mot *convention* est un de ceux que l'on rencontre le plus
souvent dans les critiques, les articles, les écrits de toute
espèce sur le théâtre et sur les auteurs dramatiques, et pourtant, je ne connais que deux ouvrages qui aient entrepris
d'expliquer ce que sont ces conventions du théâtre. Le
premier de ces ouvrages est un assez gros volume, *De la
convention dans la tragédie classique et dans le drame romantique*, par Maurice Souriau, publié en 1885. Le second est
un mince opuscule intitulé : *Les conventions du théâtre naturaliste*, par Ch.-M. des Granges, publié en 1904, et qui a paru
d'abord comme article dans la revue *Le Correspondant*. On
voit que l'époque et le genre dramatique traités dans le
livre de Souriau sont tout différents de ceux que je vais
discuter ici. Quant au sujet de l'opuscule de Des Granges,
il est beaucoup plus restreint que le mien, puisqu'il se limite
au seul théâtre naturaliste, et de plus, il s'y agit surtout de
conventious littéraires et intérieures... on verra par la suite
ce que j'entends par ce dernier mot. Il me semble donc qu'il

reste encore beaucoup à dire sur les conventions théâtrales, surtout sur celles du théâtre bourgeois contemporain.

Mais d'abord, que signifient ici ces mots *contemporain* et *bourgeois* ? Dans la période délimitée par le premier, je comprends les années 1887 à 1914 : 1887, parce que c'est celle de la fondation du Théâtre Libre, une entreprise qui visait précisément les conventions artificielles du théâtre alors existant, et qui doit être considérée comme marquant un point important dans l'histoire du théâtre en France ; 1914, parce que la guerre a tout bouleversé, changé l'orientation des idées, et causé la fermeture de beaucoup de théâtres.

Si j'ai compris dans mon étude les pièces d'Henry Becque, qui ont été représentées avant 1887, c'est qu'elles sont les véritables précurseurs, pour ne pas dire les premiers échantillons, du nouveau mouvement qui a produit le Théâtre Libre et les drames et comédies du théâtre bourgeois et réaliste que distinguent des noms tels que Bataille, Brieux, Donnay, Hervieu, etc. (1). D'autre part, j'ai laissé de côté des auteurs comme Dumas, Sardou, et Daudet, qui ont bien produit des pièces après 1887, mais qui étaient depuis longtemps connus du public et qui — malgré une tentative naturaliste comme *Marquise*, de Sardou — appartiennent à une autre école et à un autre temps.

Le terme *bourgeois* exclut deux catégories importantes de pièces. Premièrement, la pièce romantique ou idéaliste et la pièce fantaisiste, le plus souvent en vers : dans cette catégorie on peut ranger, depuis des pièces légères comme *Le mariage de Télémaque*, de Donnay, jusqu'à des opéras de grande envergure. Évidemment des œuvres de ce genre sont bien moins importantes, pour ce qui regarde l'étude des conventions, que des pièces réalistes. Leur type même admet, et parfois exige, certaines conventions. Elles n'étaient pas l'objet des attaques des soi-disant réformateurs, qui vou-

_____

(1) Voir *Vient de Paraître*, oct. 1924, pour un recueil d'opinions d'hommes de lettres, qui attribuent à Becque l'origine des caractéristiques saillantes du théâtre contemporain.

laient servir des « tranches de vie » (1), montrer la vie telle qu'on la vivait effectivement. Il ne peut être important de savoir à quel point les conventions nuisent à la réalité de la représentation, dans un théâtre qui ne prétend pas reproduire la réalité. Le même raisonnement s'applique, quoique moins fortement, à des drames historiques comme *Sire*, de Lavedan, et *Théroigne de Méricourt*, de Paul Hervieu.

La deuxième catégorie est celle des farces et vaudevilles, termes qui signifient aujourd'hui à peu près la même chose. Par l'extravagance des situations et de l'action en général, aussi bien que par le caractère outré des personnages, ces pièces-là ne représentent pas non plus la vie réelle. Néanmoins, dans la pratique, je n'ai pas pu les mettre entièrement hors de cause. C'est qu'elles contiennent quelquefois, sous forme de satire, des observations véridiques et frappantes sur les gens et sur la société contemporaine, et elles donnent souvent lieu à des comparaisons intéressantes avec des pièces plus sérieuses. J'ai donc dans ma liste des pièces par de Flers et Caillavet, Courteline, Feydeau, Gavault, et même Capus, qui sont essentiellement des farces ou vaudevilles, tout en étant appelées autre chose.

Même dans les limites que je me suis fixées par la définition des mots *contemporain* et *bourgeois*, je n'ai pas fait la tentative, impossible et d'ailleurs superflue, de lire toutes les pièces produites entre 1887 et l'été de 1914. Impossible, parce qu'un grand nombre de ces pièces sont inédites ; superflue, parce qu'elles n'auraient rien ajouté ni enlevé par leur seule masse à la valeur de mes conclusions. La plupart sont déjà oubliées (2). Une liste choisie de pièces qui se sont distin-

---

(1) Sarcey dit que le Théâtre Libre avait « pour esthétique de découper sur le théâtre des tranches de la vie réelle ». (*Quarante ans de théâtre*, vol. 8, p. 330).

(2) Albert Soubies, s'appuyant sur des renseignements tirés de *l'Almanach des spectacles*, a estimé qu'on a joué 7.300 pièces, dont la plupart étaient nouvelles, à Paris entre 1871 et 1892 (voir Chandler, *The Contemporary Drama of France*, p. 15). Que reste-t-il de toute cette masse ? Et n'y a-t-il pas lieu de supposer que la production a été encore plus féconde entre 1892 et 1914 ?

guées par leur succès, par la réputation de leurs auteurs, par leurs qualités littéraires ou théâtrales, ou qui ont des traits particuliers, par exemple en montrant les étapes dans le développement du talent ou de la pensée de ceux qui les ont créées, me paraissait tout aussi apte à fournir la base nécessaire de mes conclusions. J'ai donc pris cent cinquante-deux pièces, et à part quelques allusions, je n'en suis pas sorti. Il va sans dire que ce nombre n'a rien de fatidique ; je ne l'avais pas arrêté d'avance, et il aurait tout aussi bien pu être cent quarante, ou cent soixante, ou deux cents. Je me rends également compte qu'il ne peut être question de méthode scientifique dans la confection d'une telle liste, et que dans les mains d'un autre que moi, elle n'aurait pas été la même. Mais je crois que dans une liste confectionnée par un autre ayant parcouru le même chemin que moi et cherchant le même but, plus de la moitié des mêmes pièces auraient paru.

J'ai dressé cette liste sans arrière-pensée, et surtout sans vouloir la manier afin de démontrer ceci ou cela — procédé qui, d'ailleurs, ne m'aurait pas été possible, puisque je ne connaissais pas le contenu d'un grand nombre de ces pièces lorsque j'ai entrepris mon travail.

Dans les cas où il existe plus d'une version d'une pièce, j'ai toujours choisi la plus récente, mais la date de la première représentation qu'on trouvera dans ma liste est ordinairement celle de la pièce en sa forme originale. Par exemple, il y a *Blanchette*, *Simone*, et *Maternité*, toutes trois de Brieux ; *Joujou*, de Bernstein ; *Révoltée*, de Jules Lemaître, et toutes les pièces de François de Curel. Ce dernier a reconstruit ses œuvres dramatiques presque de fond en comble, notamment dans le cas de *La danse devant le miroir*, qui avait commencé par s'appeler *Sauvé des eaux* et qui avait ensuite reçu le titre de *L'amour brode* ; dans *Le repas du lion* l'auteur a complètement changé le dénouement ; dans ses autres pièces, il a supprimé des personnages et donné des noms nouveaux à ceux qui restaient, et ainsi de suite. Quelquefois le nom seul de la pièce est changé, comme dans le cas de *La cruche*,

de Wolff et Courteline, qui a eu ses débuts sous le nom *J'en
ai le dos plein de Margot.*

A propos de titres, on peut citer plusieurs faits intéressants. *Amoureuse*, de Porto-Riche, devait d'abord s'appeler
Trop aimé, et puis *L'ennemie.* Brieux, avant de faire jouer
La robe rouge, l'avait appelée *Les balances*, et puis *Les juges* ;
d'après le critique et journaliste Miguel Zamacoïs, le titre
actuel aurait été suggéré par Réjane, qui dit : « On croira
qu'il s'agit de quelque toilette à sensation. » Fabre avait
voulu appeler une de ses pièces *Le foyer*, mais comme Mirbeau
et Natanson en avaient une du même nom, il le remplaça
par celui de *La maison d'argile* ; une autre de ses pièces devint
Un grand bourgeois parce que le nom projeté, *Les grands
bourgeois*, avait servi pour un autre auteur, quoique pas
comme titre d'une œuvre dramatique. Mais de tels changements n'étaient nullement obligatoires, témoins deux pièces
intitulées *Simone*, la première de Gramont, la seconde de
Brieux seize ans après ; ou *Les petits*, de Maurice Biollay,
en 1902, et *Les petits*, de Népoty, en 1912 (1) ; ou encore
L'affranchie, de Biollay, en 1892, et *L'affranchie*, de Donnay,
en 1898. On sait que des titres aussi connus que *Le fils
naturel* et *Un beau mariage* ont été employés par plus d'un
auteur.

Je n'ai pas étudié les conventions du point de vue de la
mécanique de la scène. Ce pourrait être un sujet intéressant.
On voyait à la Comédie Française — peut-être l'y voit-on
encore — un lever de soleil qui éclaire l'océan et la ville avant
d'atteindre les sommets des montagnes (2), et une fontaine
peinte, lançant en l'air un jet d'eau qui reste éternellement
suspendu entre ciel et terre (3). Mais les conventions de la
mécanique sont un sujet à part.

Pour certaines citations, je n'ai pas pu renvoyer à la source

(1) Je dois signaler ici une erreur dans le livre de Scheifley, *Brieux and
Contemporary French Society.* Il appelle la pièce *Les Petites*, et l'auteur
Miollay, chaque fois qu'il les nomme.
(2) Dans le décor de l'*Electre* de Sophocle.
(3) Dans le décor du *Menteur* de Corneille.

exacte. Ces citations sont tirées du *Recueil Stoullig*, une série de volumes composés de coupures de journaux, et parfois les coupures ne sont pas intégrales, ou bien le nom du critique ou même celui du journal fait défaut. Mais ces cas sont rares et sans grande importance.

En renvoyant aux pièces mêmes, je donne tantôt la page, tantôt l'acte et la scène. Cela n'est pas très méthodique, mais c'est pratique. Il y a plusieurs éditions de beaucoup de ces pièces, et là où la matière s'étend sur plusieurs pages, il m'a paru plus commode de citer en renvoyant à l'acte et à la scène. D'autre part, il y a des scènes bien longues, où une citation serait difficile à trouver sans l'indication de la page ; il arrive même qu'on trouve des actes sans scènes.

Je me dois d'avertir mes lecteurs français que mon projet originel, et que j'ai suivi dans ma première esquisse, était d'écrire ce livre en anglais et de le faire imprimer aux États-Unis ; il s'adressait donc en premier lieu à un public sachant le français, certes, mais en somme un public américain. Cela étant, il était tout naturel que je fisse des comparaisons entre certaines pratiques et certains points de vue en France, telles qu'ils ressortent dans ce théâtre contemporain, et ceux de mon pays ou du théâtre de langue anglaise. Par la suite, le sujet même du livre et le grand nombre de citations en français m'ayant amené à la conclusion qu'il valait mieux l'écrire tout entier en langue française, je me suis demandé si je devais en retrancher ces comparaisons. J'ai décidé que non. Il m'a semblé qu'en les gardant, l'ouvrage serait plus sincère, et moins banal. En effet, pourquoi ne serait-il pas intéressant, pour des lecteurs français, de voir ces choses toutes françaises d'un point de vue inaccoutumé, par les yeux d'une autre nation ?

Je sais que je cours un certain risque. Je pourrais sembler (surtout quand il est question d'amour et des rapports entre les sexes) vouloir m'ériger en censeur de la morale nationale, ou du moins parisienne, et me voir accuser de *puritanisme...* mot très à la mode depuis quelques années en Europe, et même chez plusieurs auteurs en Amérique, quand il s'agit

d'expliquer la mentalité américaine. Loin de moi cette pensée.
Si quelquefois mes comparaisons ont l'air d'être des critiques
défavorables à la France, on verra le plus souvent que ce
n'est pas moi qui les fais, mais que je laisse parler des
Français, et des Français de marque. Je me permets bien
de constater que la jalousie outrée, la tromperie et le mensonge continuels, l'hypocrisie, la cruauté, et l'égoïsme sans
bornes sont choses immorales, chez n'importe qui ; si ces
vices accompagnent l'amour tel qu'il est dépeint par nos
dramaturges, en sont-ils la conséquence inévitable ? Sinon,
l'amour hors du mariage n'a rien de foncièrement immoral
en soi (1). Et je ne prétends pas que ces vices soient plus
répandus parmi les Français qu'ailleurs.

En retenant les passages dont je viens de parler, j'ai re-
tenu aussi de mon manuscrit anglais l'usage, qui n'est pas
français, je le sais, de mentionner le nom de tout auteur,
mort ou vivant, sans le préfixe « Monsieur » ou « M. ». Espé-
rons que personne ne s'offensera du manque de ce préfixe,
dont l'absence, en somme, assimile un nom aux plus grands
de la littérature.

Je tiens à exprimer ma reconnaissance à ceux qui m'ont
aidé dans mon travail, et tout spécialement à M. Richard
T. Holbrook, professeur de français à l'Université de Californie et bien connu en France par ses travaux érudits sur
la farce de *Pathelin*, à qui je dois le germe de l'idée de cet
ouvrage, sans parler de l'intérêt constant qu'il m'a fait
paraître par de fréquentes critiques et suggestions ; à
M. Auguste Rondel (à qui Henry Bordeaux écrivit : « Je ne
sais personne au monde, même parmi les critiques dramatiques les mieux informés, qui possède votre érudition en
matière de spectacle, ni votre bibliothèque »), pour m'avoir
permis de faire usage de sa remarquable bibliothèque théâ-

---

(1) J'irai même plus loin ; je dirai que l'adultère n'est pas nécessairement
immoral. Il m'a toujours semblé que celui de Francesca avec Paolo l'était
bien moins que son mariage, forcé et sans amour. Et je trouve Dante un
peu « puritain » d'avoir envoyé ces deux amants en enfer et d'en avoir
préservé le mari et les parents, les véritables criminels à mon avis.

trale à Paris, avant qu'elle eût été ouverte officiellement ou même complètement installée ; à Mme Horn, aide infatigable de M. Rondel, qui s'est toujours mise à ma disposition pour trouver ce que je cherchais ; enfin à M. Gabriel Bonno, professeur de français à l'Université de Californie, qui a revu mon manuscrit. Je voudrais en même temps remercier tous les autres qui m'ont aidé en quoi que ce soit.

C. H. B.

Les conventions du Théâtre bourgeois contemporain
en France, 1887-1914

INTRODUCTION

La comédie contemporaine — j'entends celle qui a quelque prétention
à la peinture des mœurs — semble avoir bien obéi jusqu'à ce jour, malgré
son apparente variété, à une seule loi d'évolution : la tendance à représenter, dans les limites conventionnelles qui l'étranglent, un maximum
de réalité.

(Ch.-M. Des Granges, *Les conventions du théâtre naturaliste*, p. 3).

Le nom de *drame bourgeois* date de la seconde moitié du
xviiie siècle. On l'a appliqué à un nouveau genre de pièce
dont la théorie a été formulée par Diderot, bien que celui-ci,
en l'expliquant, se soit servi du terme *genre sérieux*. La nouveauté du genre résidait en deux caractéristiques. En premier lieu, les personnages n'étaient ni de l'antiquité grecque
ou romaine, ni célèbres de par leur naissance ou leurs hauts
faits : c'étaient des bourgeois du temps. « On veut égaler la
dignité des aventures de la vie bourgeoise à la dignité de
celles des héros tragiques ; les malheurs du *Père de famille*
et ceux de M. Vanderk, aux catastrophes de la race des
Atrides ou des Labdacides. Plus de Romains ni de Grecs...
des « citoyens ! » Plus de ces crimes qui font « frémir la nature », ceux d'une Rodogune ou d'un Néron, mais des infortunes privées, un mariage malheureux, une banqueroute,
une séduction (1) . » En second lieu, il y avait mélange

(1) Brunetière, *Les époques du théâtre français*, p. 288.

Clifford Bissell.

1

complet du comique et du tragique, du rire et des larmes, et dans la pratique, les larmes surtout abondèrent, car le culte de la sensibilité qui régnait alors voulait que tout le monde cherchât son plaisir en pleurant. Avant la date des *Entretiens* de Diderot, on avait donné le nom de comédie larmoyante à un type de pièce semblable au drame bourgeois, mais écrit en vers.

Que des gens de la bourgeoisie et même du peuple tinssent des rôles importants sur la scène, il n'y avait là rien de nouveau. Molière et Racine les y avait mis. Mais ils n'avaient figuré que dans la comédie proprement dite ; on n'avait pas demandé aux spectateurs de prendre part à leurs joies et de verser des larmes sur leurs infortunes. En outre, Diderot, Sedaine, Mercier, et les autres de leur école voulaient dépeindre les bourgeois moins comme hommes que comme pères de famille, ou comme négociants, ou comme banquiers, etc. ; ils croyaient que la profession ou l'occupation journalière de leurs personnages donneraient lieu à des drames plus féconds et plus intéressants qu'on n'en pourrait tirer d'une étude de leurs caractères.

Ce premier drame bourgeois ne dura guère longtemps, à cause de l'excès de sensibilité, de l'affectation du style, et d'autres défauts qui y abondaient. Mais les idées restèrent. Désormais, dans tout théâtre réaliste, le mélange du comique et du tragique était admis (on n'avait pas besoin de Victor Hugo et des romantiques pour cela) ; de même, on pouvait mettre en scène, dans une seule pièce, des personnages de toutes les classes de la société, et les péripéties de la vie d'un bourgeois étaient aussi propres à émouvoir le public que celles d'un roi (1). Les principes de Diderot et de Sedaine furent suivis par Picard et par Scribe, puis par Augier et par Dumas fils ; les pièces de ceux-ci sont mieux écrites que

---

(1) « Cette ambition de porter au théâtre toutes les conditions sociales et de les étudier dans les heures sérieuses ou pathétiques de la vie pouvait dès lors renouveler l'art dramatique » (Allard, *La comédie de mœurs en France au XIXe siècle*, vol. I, p. 130).

celles de leurs devanciers, mais elles n'en diffèrent pas essentiellement ; elles relèvent du même théâtre bourgeois (1).

Le théâtre bourgeois contemporain, dont j'ai à parler, n'est donc en principe rien de nouveau. Sa matière est tirée de la vie de nos jours, et l'on y rencontre les mêmes types et la même diversité de personnages que nous voyons dans le train de nos occupations ordinaires. Il y a surtout des gens de la condition bourgeoise (la plupart des auteurs et des spectateurs n'en sont-ils pas ?), mais les problèmes, les luttes, les passions particulières de toutes les classes sociales y figurent. Tout cela est dans la tradition du drame bourgeois de Diderot, de Sedaine, et de Mercier, dans lequel le peuple jouait un rôle assez important, et si nous trouvons parfois aujourd'hui des dramaturges qui font de la morale, comme faisaient Dumas fils et Augier, n'oublions pas qu'on moralisait aussi dans les pièces bourgeoises d'avant la Révolution (2).

Certes, il y a des différences de détail dans le théâtre moderne. Ces premières pièces, qui se disaient réalistes, sont loin de l'être à nos yeux. Celles de Scribe, à leur tour, modèles de la *pièce bien faite*, étaient précisément trop bien faites pour le goût changeant du public, qui demandait une apparence plus grande de réalité. Un progrès sensible vers ce but se fait remarquer dans les drames d'Augier, de Dumas fils, de Barrière, même de Sardou et de Pailleron. Mais ce n'était pas assez pour les « jeunes ». Le naturalisme avait surgi ; il s'était établi dans le roman, et maintenant il réclamait ses droits sur la scène. Voici ce que Zola pense de Dumas fils : « Il n'a pas le don de la vie. Il ne veut ni peindre, ni analyser ; il veut prouver (3). « De Sardou, il dit : « M. Sardou n'est qu'un

---

(1) « Notre comédie toute contemporaine, cette comédie*** que l'on pourrait définir assez exactement le drame bourgeois du xviiie siècle, celui de Diderot et de Sedaine, rendu à la dignité d'œuvre d'art par les moyens du romantisme » (Brunetière, *Les époques du théâtre français*, p. 369).

(2) Voir Bédier et Hazard, *Littérature française illustrée*, vol. II, p. 132, et Allard, p. 131 du volume déjà cité.

(3) *Nos auteurs dramatiques*, p. 154.

ouvrier, il n'est pas un créateur (1). » En parlant de la comédie d'Augier, il déclare : « Notre comédie moderne meurt d'honnêteté... Je ne nie point les personnages honnêtes ; seulement, je leur demande d'être humains, d'apporter le mélange du bon et du mauvais qui est dans toute créature humaine. Nous avons inventé l'honnêteté d'étalage, celle qu'il faut absolument mettre dans la vitrine, si l'on veut achalander la maison (2). » La pièce à thèse, la construction rigide où l'on voyait l'honnêteté nettement opposée à la scélératesse, était devenue ennuyeuse. « Ne soyons ni honnêtes, ni spirituels, dit Zola : tâchons d'être vrais, et nous serons grands (3). »

Mais les pièces de Zola lui-même, en ressemblant trop à ses romans, restèrent au-dessous de cet idéal. « Zola, qui savait si bien reconnaître et critiquer les conventions de ses prédécesseurs et de ses contemporains, se voyait forcé, une fois au théâtre, d'user des ficelles les plus grossières et de simplifier, jusqu'à en faire de véritables brutes, sans aucun intérêt psychologique ni moral, des caractères dont la complexité savante était, dans le roman, le principal attrait (4). »

C'est seulement avec Henry Becque et le Théâtre Libre que commence le véritable théâtre bourgeois contemporain, celui qui, d'après Thalasso, devait substituer à la factice « vie par le mouvement », « le mouvement par la vie (5) ».

Il paraît presque superflu de dire que ce drame bourgeois, même à son apogée, ne représentait pas le tout du théâtre sérieux en France. Il y en avait un autre, idéaliste, poétique, et dont les pièces les mieux connues ont conquis une renommée mondiale plus grande qu'aucun échantillon du genre bourgeois. Est-il besoin de mentionner les succès d'Edmond Rostand, et surtout ce prestigieux *Cyrano*, qui souleva l'enthousiasme de spectateurs sans nombre, et s'avère capable

(1) *Ibid.*, p. 257.
(2) *Ibid.*, p. 108.
(3) *Ibid.*, p. 112.
(4) Des Granges, *Les conventions du théâtre naturaliste*, p. 18.
(5) *Le Théâtre Libre*, préface.

de le soulever encore, même dans des pays où le français
est une langue étrangère ? Combien de temps, et avec quelles
espérances, n'a-t-on pas attendu *Chantecler* ? Il y a aussi
des noms comme Coppée, Henri de Bornier, Jean Richepin,
Catulle Mendès, sans parler du Belge, Maeterlinck, et d'autres,
bien récents ceux-là, comme Paul Claudel et André Gide.

Des chapitres qui suivent cette introduction, il se dégagera
peut-être l'impression que je range toutes les pièces de cette
catégorie sur un niveau nettement supérieur à celui des
pièces bourgeoises, et que ces dernières, somme toute, ne
valent pas grand'chose. Cette impression, si tant est qu'elle
existe, sera en partie due au sujet même que je traite. Je
me limite, dans la mesure du possible, à juger des conventions,
et en dehors de cela, je ne discute pas ces pièces en tant
qu'œuvres d'art ou de littérature. Et puisque les conventions
d'une pièce ne représentent pas, en général, son côté fort,
je suis obligé d'avoir affaire à des défauts plutôt qu'à des
qualités. Le fait que je ne relève pas les qualités ne veut pas
dire que je les nie. Au contraire, et malgré certaines conventions nuisibles, je crois que ces pièces présentent une image
plus vive, sinon plus vraie, de la réalité que celles de la
période 1850-1890.

Quel est le rapport entre le théâtre bourgeois contemporain et le théâtre naturaliste ? Il ne faut pas les confondre.
Cependant, le théâtre bourgeois contemporain a sa part de
naturalisme ; en quelque sorte, il procède du naturalisme,
dont il est un élargissement, et sans le théâtre naturaliste, il
ne se serait peut-être pas développé. Un grand nombre des
auteurs qui l'illustrent ont fait leur apprentissage au Théâtre
Libre, et souvent leurs premières pièces étaient d'un type
bien naturaliste, qu'ils ont abandonné plus tard. On trouve
parmi ces auteurs des noms comme Brieux, Courteline, de
Curel, Fabre, Guinon, Porto-Riche, Wolff, et Jullien : ce
dernier a été appelé par Benoist « le théoricien attitré du
Théâtre Libre, l'adversaire intransigeant des conventions
dramatiques (1) ». Antoine, toujours prêt à aider les jeunes

(1) *Le théâtre d'aujourd'hui*, 2e série, p. 270.

ambitieux, et que la nouveauté n'effarouchait point, a joué
un rôle important dans l'extension du théâtre bourgeois.
Même Sarcey, qui ne l'aimait pas, a du reconnaître ceci :
dans la préface des *Annales* de 1894, il a écrit que l'effort
d'Antoine « a eu ce mérite au moins d'éveiller l'attention du
public sur le ridicule d'un certain nombre de conventions.
Antoine nous a rendu le service de nous ramener à l'observation exacte des milieux. Nous ne pouvons plus aujourd'hui
voir jouer une œuvre dramatique où ne se marque pas un
certain goût de vérité. »

Cet état de choses ne s'est pas produit sans passer par des
excès ridicules et déplorables. Comme il arrive constamment,
des auteurs sans mérite véritable cherchèrent à faire parler
d'eux par des horreurs extravagantes et grotesques. C'est
ainsi que fut représentée au Théâtre Libre, en 1888, une
pièce en un acte de Fernand Icres, intitulée *Les Bouchers.*
Elle montre la vengeance de Titou, un garçon boucher dont
la sœur s'est suicidée après avoir été séduite par le patron.
Jep, un autre employé, incite Titou à en finir au plus vite,
dans l'espoir de se débarrasser de lui et du patron à la fois.
Les deux ennemis s'entretuent à coups de couteau, et Titou,
en mourant, boit le sang de son patron avec une joie farouche, cependant que la femme du boucher et Jep, maîtresse
et amant, s'embrassent en extase devant le spectacle. Un
des journaux dit de cette production : « Il n'y a de vrai que
le bœuf et les moutons de véritable viande accrochés à l'étal
de la boutique. » Chose curieuse : cette pièce « ultra-réaliste »
était en vers !

Une autre pièce, représentée au Théâtre Libre en 1891,
est plus saugrenue encore. Dans celle-ci, qui s'appelle *Conte
de Noël,* la jeune femme d'un paysan accouche d'un enfant
illégitime (il s'en faut de peu que l'accouchement n'ait
lieu sur la scène) ; redoutant la colère de son mari, elle remet
le bébé à une vieille femme, qui ne fait qu'accomplir le désir
de la mère en jetant le nouveau-né à manger aux cochons,
au son des cloches de Noël. Presque en même temps, Paris
connut le soi-disant « Théâtre réaliste » d'un certain Chirac...

mais pas longtemps, puisqu'il fut vite supprimé par la police pour cause d'indécence ; c'est aussi de cette période que date une pièce extrêmement « raide », *L'homme à l'oreille coupée*, dont l'auteur, cependant, essuya plus tard le reproche d'être le représentant « du théâtre chaste et honnête ! (1) »

Sarcey, dans *Le Temps* du 28 décembre 1891, cite d'un auteur naturaliste les paroles : « Nous ne donnerons pas autre chose au public ; il faudra bien qu'il s'y habitue. » On recherchait la brutalité dans le langage comme dans la matière. Mais cette convention-là était trop vide pour durer. Catulle Mendès, un des premiers soutiens du Théâtre Libre, écrivit en 1902, à propos de la pièce *Les petits*, de Maurice de Biollay : «... les brutalités de caractères, les inutiles témérités de paroles, qui rappelaient trop l'ancien Théâtre Libre. Ah, il est bien démodé, suranné, et fini, ce théâtre-là ! » (*Le Journal*, 20 mars 1902). Ce qui resta de ces « témérités de paroles », ce fut un dialogue plus libre, plus mouvementé, et plus vrai, et aussi plus d'ampleur dans le traitement des situations. Il fallait tout de même y habituer le goût du public, mais l'attitude de ce public changea en si peu de temps qu'elle fournit une preuve frappante du péril qu'on court à dogmatiser là-dessus. En 1887, *Francillon*, de Dumas, fut appelée par les critiques « singulièrement osée », mais déjà en 1891, elle parut « bien timide » à côté d'*Amoureuse*, de Porto-Riche. Nous entendons dire, à propos de la représentation d'*Amoureuse*, « l'extraordinaire malaise du public, malaise qui s'est traduit au 3e acte par des murmures... semblerait indiquer que nous sommes encore trop jeunes pour accepter, sans protestations, les conclusions pessimistes des désabusés de l'école cruelle (2) ». Mais *Amoureuse*, qui

---

(1) L'auteur de cette pièce, qui ne fut pas jouée au Théâtre Libre, est Francis de Croisset. Dans *Comœdia* du 30 avril 1913, on trouve dans un article par Louis Nazzi cette phrase : « Vous verrez qu'au nom de M. Francis de Croisset, directeur littéraire de *l'Opinion*, représentant en France et à l'étranger du « théâtre chaste et honnête », on censurera, dans quelques années, tout ce qui s'imprimera de jeune, de courageux et d'indépendant. »
(2) Hector Pessard, dans le *Gaulois* du 26 avril 1891.

n'alla même pas jusqu'à prononcer ouvertement le mot
« cocu », mais se contenta de l'indiquer par des circonlo-
cutions, parut bientôt aussi inoffensive que *Francillon* ;
quand elle fut reprise quelques années plus tard, elle n'effa-
roucha personne. Le public en avait vu bien d'autres ! De
même, écoutons ce que dit un journaliste en 1903 d'une
reprise de *Germinie Lacerteux*, de Goncourt, qui avait eu sa
première en 1888. « Il avait déconcerté le public par sa hardiesse, qui parut excessive. Depuis lors, nous avons marché...
ce qui souleva les orages d'autrefois a passé aujourd'hui,
comme une lettre à la poste. Nous en avons tant vu, depuis
quinze ans, que *Germinie* nous a paru une pièce inoffensive.
Pour un rien, au lieu de crier à l'immoralité, on eût crié à la
naïveté (1). »

En 1892 même, Pessard nota, à propos d'une représentation de *Leurs filles*, de Wolff : « Déjà l'excès d'hier est devenu
l'ordinaire d'aujourd'hui, et cette prompte évolution du
goût public nous déroute un peu. Je sentais bien, hier soir,
par exemple, que l'auteur de *Leurs filles* allait trop loin, mais
j'ai vu que j'avais des scrupules qui n'étaient pas partagés (2). »
Benoist dit quelque part qu'Étienne et Germaine, dans
Amoureuse, « conservent un reste de scrupules et une certaine tenue dont les personnages des comédies actuelles se
sont débarrassés. »

Lemaître, à propos de *Monsieur Piégois*, par Capus,
écrit : « Remarquez la décroissance, heureuse après tout,
du pharisaïsme public. Des choses que Dumas fils, il y a
trente ans, n'aurait hasardées qu'avec un luxe de prépa-
rations, et qu'il eût tour à tour insinuées avec des finesses
de diplomate ou imposées avec des airs de dompteur,
passent maintenant le plus aisément du monde et sans
l'ombre de scandale (3). »

L'enfant chérie, de Coolus, suscita des réflexions analogues.

---

(1) *Recueil Stoullig*, déc. 1903.
(2) *Le Gaulois*, 19 oct. 1892.
(3) *Les contemporains*, 7ᵉ série, p. 275.

Brisson en fut attristé. Il dit : « On y sent percer, à chaque ligne, une intention de révolte, une ironie, un insolent mépris. Les lois de conservation et la protection de la famille ? Préjugés. La morale bourgeoise ? Faribole. Et M. Coolus est très sincère. Et qu'il ait osé dire ces choses, et qu'elles aient été écoutées sans résistance par le public, c'est là, n'en doutez point, un signe des temps (1). » Dans les *Annales* de 1906 (p. 168), nous lisons sur cette pièce : « Il y a quelques années, une pareille donnée n'eût certes point passé aussi facilement. Aujourd'hui, le public n'a pas bronché. Il a paru tout accepter... sur le moment ; mais il fallait entendre, à la sortie du Gymnase, les amères réflexions des bons spectateurs, vengeurs de la commune morale et défenseurs des principes familiaux. »

Ces témoignages montrent bien que l'attitude du public changea, et qu'il changea même assez vite. Est-ce à déplorer, comme le pensaient quelques critiques ? Plutôt le contraire, si son ancienne façon de réagir était ce que l'appelait Jules Lemaître, du pharisaïsme (2). Sarcey avait toujours maintenu qu'on pouvait mettre n'importe quoi sur la scène, pourvu qu'on le fît sans grossièreté ni brutalité, mais il y eut des situations qu'on ne pouvait exprimer sans avoir recours à une franchise qui risquait de paraître grossière ou brutale à bien des gens (3). En tout cas, il est certain que le public de Dumas fils n'était pas plus vertueux que celui de trente ans après ; lui-même, dans ses préfaces, parle de la société de son temps d'un ton pessimiste qui va presqu'au désespoir.

La presse parisienne de la période 1887-1900 révèle comment Antoine attaqua d'autres conventions, et comment

(1) *Le théâtre*, p. 9.

(2) On est porté à donner raison à Lemaître si on lit les *Etudes dramatiques* de Ludovic Celler (Louis Leclerc), surtout l'introduction et des parties du volume appelé *La galanterie au théâtre*.

(3) « La vérité au théâtre, si cruelle et si blessante qu'elle puisse être, ne déplaît plus au public si elle est présentée avec un art véritable », dit ce même Hector Pessard qui avait déclaré, l'année précédente, que nous n'acceptions pas sans protestations les conclusions de « l'école cruelle » (*Le Gaulois*, 19 oct. 1892).

le public s'étonna ou se moqua d'abord de ses innovations, puis bientôt les accepta. Quelques-unes se rattachaient à des choses très élémentaires, telles que le jeu des acteurs, la mise en scène, et l'éclairage de la salle. Antoine faisait obscurcir le théâtre pour ne laisser que la scène en pleine lumière pendant la représentation. Que ceci ait paru curieux alors, nous paraît curieux aujourd'hui. Mais des extraits de la presse montrent qu'on n'y était pas habitué. Par exemple, on lit à la date du 12 décembre 1888, à propos de *La mort du duc d'Enghien* au Théâtre Libre, des commentaires comme celui-ci : « On avait fait la nuit complète dans la salle. Quelques aimables farceurs en ont profité pour s'amuser un peu. Celui-ci poussait de petits cris effarouchés, un autre imitait le bruit des baisers, un troisième allumait des allumettes. » Et pourtant la pièce faisait une forte impression sur les spectateurs. Dans les *Annales* de 1888 (p. 343), on trouve une note sur la même pièce : « La salle dans l'obscurité, comme à Bayreuth. » Antoine a peut-être pris cette idée, qui nous semble si naturelle, aux Allemands, comme il avait pris l'idée de faire de véritables acteurs des figurants dans les scènes de foules à ce qu'il avait vu dans la troupe allemande des Meininger. « Perkéo », en parlant dans le *Figaro* du 8 juin 1888 des Meininger à Bruxelles, dit : « Dès que le rideau se lève, le gaz est baissé dans la salle et quand le rideau tombe, on éclaire vivement la salle. Dans nos théâtres, c'est le contraire qu'on fait. Je crois que les Allemands ont raison. » Qui de nous ne le croit pas aujourd'hui (1) ? Dans les éditions des pièces de Jean Jullien, il est expressément indiqué que la salle doit être dans l'obscurité.

Antoine fut le premier acteur, à ce qu'il paraît, qui osa tourner le dos au public (2) ; certains de ses adversaires dirent que c'était là tout ce que le Théâtre Libre avait introduit de nouveau. C'est un lieu commun aujourd'hui. Dans *La*

---

(1) Les directeurs de l'Opéra sont peut-être de ceux qui ne le croient pas encore. Ils l'étaient du moins en 1923.

(2) Brieux a attribué cette innovation à un accès de timidité de la part d'Antoine (Barrett H. Clark, *Four Plays of the Free Theater*, préface).

robe rouge, de Brieux, à la Comédie Française, on voit le président du tribunal et une dame s'asseoir, le dos tourné directement à l'auditoire ; autrement ils ne seraient pas placés de manière appropriée pour pouvoir converser avec les autres personnages en scène. Dans l'acte II du *Secret*, de Bernstein, le texte indique que Denis Le Guenn doit avoir le dos au public pendant une scène assez longue et dans laquelle il ne reste pas muet. C'est une scène où quatre personnes jouent aux cartes autour d'une table ; impossible donc que tout le monde regarde l'auditoire si l'on tient à avoir le moindre souci de la vérité. De nos jours, on peut même voir Oreste, dans l'*Andromaque* de Racine, tourner le dos au public à la Comédie Française.

Par ces exemples, on voit qu'un auteur ou un directeur de théâtre peut sans trop de crainte s'attaquer à une convention démodée ou tenter une innovation ; il a de bonnes chances de réussir auprès du public si ce qu'il tente a du mérite, et peut-être même s'il n'en a point. Certains critiques vont jusqu'à se demander si le théâtre contemporain n'influence pas les mœurs de la société plus qu'il n'en est influencé (1).

Quand les auteurs se mettent à juger le public, du reste, leurs opinions en sont mauvaises. Le critique américain, William Lyon Phelps, dit : « Nous pensons habituellement à un auditoire parisien comme étant très intelligent, bien renseigné, apte à juger ; en vérité ce n'est pas le cas. Dans leur attitude envers le rire et les sentiments plus doux, ils ne sont point supérieurs au public des matinées aux théâtres de New-York (2). »

____

(1) Voir Séché et Bertaut, *L'évolution du théâtre contemporain*, p. 57, 143 ; Doumic, *Le théâtre nouveau*, p. 305. Doumic ne fait que poser la question, mais il ajoute : « Ce qui est certain, c'est que chaque société a, comme on dit, le théâtre qu'elle mérite. »

(2) « We are accustomed to think of a Parisian audience as highly intelligent, sophisticated, discriminating ; really it is not so. In their attitude towards both mirth and sentiment, they are not a whit better than the audience at New York matinées » (*Essays on Modern Dramatists*, « Edmond Rostand »).

Henry Bataille va beaucoup plus loin. Dans sa préface au *Masque* et à *La marche nuptiale*, de juillet 1907, il dit que le public n'est sincère ni pour lui-même ni pour l'auteur, qu'il ne voit jamais le « sens intime » d'une pièce, et que le Français a trop entendu dire qu'il possède du goût. Il cite Taine, qui avait déclaré que « le bon goût français » empêcherait à tout jamais la France d'avoir une littérature dramatique vraiment grande. « C'est toujours par ce qu'elle contient de vérité qu'une œuvre nouvelle choque ses contemporains », continue-t-il sur le même ton. Jullien dit dans *Le théâtre vivant* (p. 50) : « Le gros public aime mille fois mieux la fiction et la calembredaine que la vérité. » Faguet, dans un compte rendu de *La course du flambeau* (1), dit ironiquement : « Ce dernier acte a été écouté froidement. Vous en voyez bien la raison ; c'est que, à certains égards, c'est le meilleur. » Filon, dans la préface aux *Annales* de 1898, accuse le public d'hypocrisie : « Deux mille Français ne sont pas plutôt enfermés dans une salle de théâtre qu'ils deviennent extraordinairement vertueux et délicats. L'égoïsme et la lâcheté réclament du dévouement et de l'héroïsme. La rosserie du balcon et de l'orchestre s'insurge contre la rosserie qui ose se montrer en scène. »

Bataille, dans la préface citée au-dessus, déclare néanmoins qu'une pièce ne durera qu'en vertu de la part de vérité qu'elle renferme. Et il dit que s'il y a dans une œuvre dramatique « une part quelconque de convention, cette part-là est d'avance frappée de caducité et de mort. » Mais que veut dire « vérité ? » Bataille avoue que le mot n'a jamais reçu de définition exacte, et qu'à différentes époques il a été conçu de façons diverses. Il distingue une « vérité extérieure », qui est « le langage parlé », « le spectacle ambiant », « leur amalgame », « l'armature même du théâtre », et une « vérité intérieure », qui est « le secret des êtres », « raisons profondes », « les sphères inconscientes et agissantes

---

(1) *Journal des Débats*, 22 avril 1901.

de l'être (1) ». Pour lui, vérité et convention sont deux choses absolument contradictoires (2), et il croit que le théâtre de son temps fourmille de conventions.

Si ces déclarations de Bataille étaient littéralement exactes, aucune pièce n'aurait duré, et il n'existerait pas de littérature dramatique. Car il y aura toujours des conventions au théâtre ; sa nature les rend inévitables. Saint-Saëns, dans la préface aux *Annales* de 1904, dit : « Bien que la convention soit l'essence même du théâtre, une illusion persistante lui fait croire qu'il peut lui échapper, en se rapprochant sans cesse de la nature (3). » Et Jules Claretie, dans la préface aux *Annales* de 1887, avait dit : « Tant il est vrai que la convention, c'est-à-dire l'art, la plupart du temps, dépasse en intérêt la réalité la plus tragique ! » Il venait d'en donner deux exemples : le premier, de l'acteur Molé, qui fit moins bien dans une scène où il s'oublia complètement dans son rôle, que dans la même scène deux nuits plus tard, quand il garda une maîtrise consciente de son jeu ; le second, d'un procès en cour d'assises qui aurait fourni une magnifique « scène à faire » au théâtre, mais qui fut terne et sans élément dramatique dans la réalité, précisément parce que juges, avocats, prévenus et témoins ne remplissaient pas des rôles dans une situation arrangée par un bon dramaturge.

Doumic a raison de dire : « La convention règne en maîtresse au théâtre***, on ne supprime pas les conventions parce qu'on les ignore, c'est même le plus sûr moyen pour s'aller heurter contre un obstacle que d'avoir commencé par ne pas le voir (4). » Mais Souriau a raison aussi de dire : « Il y a

---

(1) De ces deux vérités, il maintient que le romantisme n'avait ni l'une ni l'autre, et le réalisme la première seulement, tandis que le symbolisme se réfugia dans des abstractions également éloignées des deux.

(2) Il appelle les conventions du théâtre « ce poids mort qu'il traîne comme un boulet à travers les siècles ».

(3) Ceci à propos d'une occasion où de l'eau véritable représenta moins bien la pluie au théâtre que ne le fit un jeu de lumières (voir aussi Parigot, *Le théâtre d'hier*, ch. i), et une autre où des miroirs peints furent plus efficaces que de vraies glaces.

(4) *De Scribe à Ibsen*, ch. i.

au théâtre assez de conventions indispensables. pour qu'on ne s'en impose pas de gratuites (1). » Il est ridicule de proclamer, d'une part, comme le fait le Grand-Guignol : « Ce théâtre ne saurait vivre de conventions. » Car quoi de plus conventionnel que le programme ordinaire du Grand-Guignol ? On peut même dire qu'il a introduit une nouvelle convention, celle du déculottage ; on y va rarement sans voir un homme ôter son pantalon ; ordinairement, c'est pour se coucher, mais il se met au lit en gardant ses vêtements de dessous, sa chemise, et même son col. Voilà bien la convention ! D'autre part, il me semble que Claretie exagère en disant que la convention et l'art ne font qu'un, la plupart du temps. On n'échappe pas à la convention au théâtre, mais toute convention n'est pas inévitable, et toute convention n'est pas art. Essayons, dans les chapitres qui suivent, de définir et de distinguer les différentes sortes de conventions, celles qui sont nécessaires, celles qui sont inoffensives, et celles qui nuisent à la vérité, tant « extérieure » qu' « intérieure » ; nous tâcherons de démêler ensuite ce que le théâtre bourgeois a fait de ces conventions.

AUTEURS ET PIÈCES

La liste suivante contient des notes très brèves sur les pièces qui forment le sujet de cette étude, et sur leurs auteurs. Après le nom de chaque pièce, on trouvera le mois, l'année, et le théâtre où elle a eu sa première représentation publique, et l'édition de la pièce à laquelle je renvoie dans le corps de cet ouvrage. Le numéro qui suit ces indications montre combien de fois la pièce fut représentée dans le courant d'une année (plus ou moins) après sa première. Dans certains cas, généralement dans le cas d'une pièce qui

____

(1) *De la convention dans la tragédie classique et dans le drame romantique* ch. III.

a fait ses débuts au Théâtre Libre, je n'ai pas pu me renseigner sur ce chiffre. Bien entendu, ces chiffres n'ont rien à faire avec la valeur relative des pièces dont il s'agit, ni avec leur popularité permanente.

GEORGES ANCEY (1) :

L'école des veufs, 5 actes, Théâtre-Libre, déc. 1887. E. Dentu, 1889.

La dupe, 5 actes, Théâtre-Libre, déc. 1891. — 32 (Vaudeville, 1900). E. Dentu, 1889.

Ces messieurs, 5 actes, Gymnase, juin 1905. — 59. Édit. de la *Revue Blanche*.

HENRY BATAILLE (2) :

L'enchantement, 4 actes, Odéon, mai 1900. — 39. Charpentier-Fasquelle, 1904.

Maman Colibri, 4 actes, Vaudeville, nov. 1904. — 76. *Id.*

La marche nuptiale, 4 actes, Vaudeville, oct. 1905. — 43. *Id.*, 1908.

Poliche, 4 actes, Comédie-Française, déc. 1906. — 22. *Illustration théâtrale*, nº 50.

La femme nue, 4 actes, Renaissance, fév. 1908. — 68. *Id.*, nº 88.

Le scandale, 4 actes, Renaissance, mars 1909. — 96. *Id.*, nº 125.

La vierge folle, 4 actes, Gymnase, fév. 1910. — 217. Charpentier-Fasquelle.

L'enfant de l'amour, 4 actes, Porte Saint-Martin, oct. 1913. — 96. *Ill. théâtr.*, nº 180.

Les flambeaux, 3 actes, Porte Saint-Martin, nov. 1912. — 127. *Petite Illustration*, nº 3.

Le phalène, 4 actes, Vaudeville, oct. 1913. — 67. *Id.*, nº 22.

HENRY BECQUE (3) :

Michel Pauper, 5 actes et 7 tableaux, Porte Saint-Martin, juin 1870. — 13.

(1) Georges Ancey, de son vrai nom Georges Marie-Edmond Mathevon de Curnieu. Né à Paris 1860. Entra dans le service diplomatique, qu'il abandonna pour la littérature 1888. Mena une vie tranquille et produisit peu ; il déçut par là les espérances fondées sur lui par les critiques. Mort à Paris 1917.

(2) Henry Bataille, né à Nîmes 1872, fils d'un magistrat. Élevé à Paris. Débuta par la peinture, dont on voit l'influence dans certaines de ses pièces. Fut un poète autant qu'un dramaturge. Mort à Paris 1923.

(3) Henry Becque, né à Paris 1837. Eut beaucoup de peine à faire accepter

L'enlèvement, 3 actes, Vaudeville, nov. 1871. Ne réussit pas.
La navette, 1 acte, Gymnase, nov. 1878. — 28.
Les honnêtes femmes, 1 acte, Gymnase, janv. 1880. — 56.
Les corbeaux, 4 actes, Comédie-Française, sept. 1882. — 18.
La Parisienne, 3 actes, Renaissance, fév. 1885. — 49.

Édition pour toutes les pièces de Becque : *Théâtre complet,* Bibliothèque artistique et littéraire, 1898.

TRISTAN BERNARD (1) :

L'anglais tel qu'on le parle, 1 acte, Comédie Parisienne, fév. 1899
(Comédie Française, 1907). — 34.
Le petit café, 3 actes, Palais Royal, oct. 1911. — 430.

Édition pour toutes les pièces de Bernard : *Théâtre,* Calmann-Lévy
1918.

HENRY BERNSTEIN (2) :

Le marché, 3 actes, Théâtre Antoine, juin 1900. — 20.
Le détour, 3 actes, Gymnase, janv. 1902. — 117.
Joujou, 3 actes, Gymnase, nov. 1902. — 46.
Le bercail, 3 actes, Gymnase, déc. 1904. — 58.
La rafale, 3 actes, Gymnase, oct. 1905. — 140.
La griffe, 4 actes, Renaissance, avril 1906. — 66.
Le voleur, 3 actes, Renaissance, déc. 1906. — Plus de 150.
Samson, 4 actes, Renaissance, nov. 1907. — 62.
Israël, 3 actes, Théâtre Réjane, oct. 1908. — 61.
Après moi, 3 actes, Comédie-Française, fév. 1911. — 7.
L'assaut, 3 actes, Gymnase, fév. 1912. — 210.

ses pièces ; fit représenter à ses propres frais *Michel Pauper,* dont les re-
présentations furent interrompues par la guerre de 1870. Fut aussi un journaliste et écrivit des vers. On le regarde comme le père du théâtre naturaliste moderne. Ses œuvres sont empreintes de cynisme. Mort à Paris 1889.

(1) Tristan Bernard, de son vrai nom Paul Bernard. Né à Besançon 1866.
Fit ses débuts littéraires comme collaborateur avec Pierre Véber dans des
contes ; ses premières pièces furent jouées au Théâtre de l'Œuvre. A écrit
surtout des bouffonneries et des pièces en un acte, et un roman, *Le mari
pacifique.*

(2) Henry Bernstein. Né à Paris 1876, de parents juifs. Dans ses pièces, il
fait montre d'une parfaite connaissance du « métier », mais on l'a accusé
de trop aimer la brutalité dans l'action, et on a dit de lui : « Il écrit comme
on se bat. »

Le secret, 3 actes, Bouffes-Parisiens, mars 1913. — 126.

Édition pour toutes les pièces de Bernstein : Charpentier-Fasquelle.

Paul Bourget (1) :

Un divorce (en collaboration avec André Cury), 3 actes, Vaudeville, janv. 1908. — 116. *Ill. théât.*, n° 86.

L'émigré, 4 actes, Renaissance, oct. 1908. — 67. Imprimerie de, l'*Illustration*.

La barricade, 4 actes, Vaudeville, janv. 1910. — 90. *Ill. théâtr.* n° 140.

La crise (en collaboration avec André Beaunier), 3 actes, Porte Saint-Martin, mai 1912. — 42. *Ill. théâtr.*, 13 août 1912.

Eugène Brieux (2) :

Blanchette, 3 actes, Théâtre-Libre, fév. 1892. — 26 (Comédie-Française, 1903). Stock, 1902.

L'engrenage, 3 actes, Nouveautés, juin 1894. — 21. Stock, 1904.

L'évasion, 3 actes, Comédie-Française, déc. 1896.—51. Stock, 1902.

Les trois filles de monsieur Dupont, 4 actes, Gymnase, oct. 1897. — 59. Stock, 1922.

Le berceau, 3 actes, Comédie-Française, déc. 1898.— 15. Stock, 1923.

La robe rouge, 4 actes, Vaudeville, mars 1900. — 26. Stock, 1921.

Les remplaçantes, 3 actes, Théâtre Antoine, fév. 1901. — 116. Stock, 1921.

La couvée, 3 actes, théâtre privé à Rouen, juillet 1903. Stock, 1904.

Maternité, 3 actes, Théâtre Antoine, déc. 1903. — 77. Stock, 1914.

Les avariés, 3 actes, Théâtre Antoine, fév. 1905. — 56. Avant cette date, interdite quatre ans par la censure. Stock, 1902.

L'armature, 5 actes, Vaudeville, avril 1905. — 19. Stock, 1905.

---

(1) Charles-Joseph-Paul Bourget. Né à Amiens 1852. Élevé à Paris. École des Hautes Études. Connu comme critique et surtout comme auteur de romans, dont il a tiré plusieurs de ses pièces. A écrit un livre, *Outre-Mer*, sur les États-Unis, qui a eu beaucoup de succès. Académie française 1894.

(2) Eugène Brieux. Né à Paris 1858, d'une famille ouvrière. Employé de banque, journaliste, puis rédacteur à Rouen. Pendant tout ce temps il essayait de se faire connaître comme dramaturge ; Antoine l'y fit réussir au Théâtre Libre en 1890 avec *Ménages d'artistes*. A écrit des critiques dramatiques pour la presse. S'est fait un nom surtout par ses pièces qui exposent et attaquent les abus sociaux. Académie française 1910.

Les hannetons, 3 actes, Renaissance, fév. 1906. — 38. Stock, 1906.

La Française, 3 actes, Odéon, avril 1907. — 49. Stock, 1917.

Simone, 3 actes, Comédie-Française, avril 1908. — 40. Stock, 1923.

Suzette, 3 actes, Vaudeville, sept. 1909. — 50. *Ill. théâtr.*, n° 127.

La femme seule, 3 actes, Gymnase, déc. 1912. — 59. *Ill. théâtr.*, n° 233.

Le bourgeois aux champs, 3 actes, Odéon, fév. 1914. — 42. *Petite Ill.*, n° 38.

GASTON ARMAND DE CAILLAVET (1) :

Les pièces suivantes ont été écrites en collaboration avec R. de Flers.

Miquette et sa mère, 3 actes, Variétés, nov. 1906. — 151. Librairie théâtrale.

L'amour veille, 4 actes, Comédie-Française, oct. 1907. — 46. *Id.*

Le roi (avec de Flers et Emmanuel Arène), 4 actes, Variétés, avril 1908. — 161. *Ill. théâtr.*, n° 99.

L'âne de Buridan, 3 actes, Gymnase, fév. 1909. — 272. Librairie théâtrale.

Le bois sacré, 3 actes, Variétés, mars 1910. — 184. Stock.

Primerose, 3 actes, Comédie-Française, oct. 1911. — 152. Librairie théâtrale.

Monsieur Brotonneau, 3 actes, Porte Saint-Martin, avril 1914. — 76. *Petite Ill.*, Nouvelle Série, n° 97.

ALFRED CAPUS (2) :

Brignol et sa fille, 3 actes, Vaudeville, nov. 1894. — 8.

Rosine, 4 actes, Gymnase, juin 1897. — 17.

Mariage bourgeois, 4 actes, Gymnase, mars 1898. — 26.

Les maris de Léontine, 3 actes, Nouveautés, fév. 1900. — 159.

La bourse ou la vie, 4 actes, 5 tableaux, Gymnase, déc. 1900. — 32.

---

(1) Gaston Armand de Caillavet. Né à Paris 1869. Collabora à une pièce qui fut jouée quand il n'avait que 22 ans. Sa collaboration avec R. de Flers commença en 1900, et continua jusqu'à sa mort en 1915.

(2) Vincent-Marie-Alfred Capus. Né à Aix-en-Provence 1858, fils d'un avocat. Entra à l'École des Mines, mais abandonna bientôt ses études scientifiques et retourna à Aix. Mais deux ans après il revint à Paris et s'y fixa. Devint journaliste. Rédacteur (avec de Flers) du *Figaro* 1914 ; critique dramatique du *Gaulois* 1921. Académie française 1914. Auteur de romans et de pièces ; il a dramatisé quelques uns de ses romans. Mort à Paris 1922.

La veine, 4 actes, Variétés, avril 1901. — 161.

La petite fonctionnaire, 3 actes, Nouveautés, avril 1901. — 216.

Les deux écoles, 4 actes, Variétés, fév. 1902. — 171.

La châtelaine, 4 actes, Renaissance, oct. 1902. — 10.

L'adversaire (avec Emmanuel Arène), 4 actes, Renaissance, janv. 1904. — 55.

Monsieur Piégois, 3 actes, Renaissance, avril 1905. — 81. ·

L'attentat (avec Lucien Descaves), 5 actes, Gaîté, mars 1906. —40.

Les deux hommes, 4 actes, Comédie-française, janv. 1908. — 41.

En garde ! (avec Pierre Véber), 3 actes, Renaissance, mars 1912. — 28.

Hélène Ardouin, 5 actes, Vaudeville, mars 1913. — 40.

Édition pour toutes les pièces de Capus : *Théâtre complet*, Arthème · Fayard.

ROMAIN COOLUS (1) :

L'enfant chérie, 4 actes, Gymnase, mars 1906. — 53. Imprim. de *l'Illustration*.

Cœur à cœur, 3 actes, Théâtre Antoine, nov. 1907. — 32. *Ill. théâtr.* n° 74.

GEORGES COURTELINE (2) :

Boubouroche, 2 actes, Théâtre-Libre, avril 1893. — 85 (Théâtre Antoine, 1897). Charpentier-Fasquelle.

La cruche (avec Pierre Wolff), 2 actes, Renaissance, fév. 1909. — 24. Calmann-Lévy.

FRANÇOIS DE CUREL (3) :

L'envers d'une sainte, 3 actes, Théâtre-Libre, janv. 1892.

---

(1) Romain Coolus. De son vrai nom René Weill. Né à Paris 1869. École normale supérieure. Enseigna la philosophie au lycée de Chartres, mais s'adonna bientôt à la littérature ; écrivit d'abord pour les revues. Ses premières pièces furent représentées au Théâtre Libre.

(2) Georges Courteline. De son vrai nom Georges Moinaux. Né à Tours 1860. Remporta des succès avec des farces et des esquisses comiqu s, dont quelques-unes des meilleures traitent de la vie de caserne. Sa pièce en un acte en vers, *La conversion d'Alceste*, fut jouée à la Comédie Française en 1905.

(3) François de Curel. Né à Metz, de vieille souche noble. Voulait s'y fixer comme ingénieur industriel, mais le gouvernement allemand lui re-

Les fossiles, 3 actes, Théâtre-Libre, nov. 1892.

L'invitée, 3 actes, Vaudeville, janv. 1893. — 35.

La figurante, 3 actes, Renaissance, mars 1896. — 31.

Le repas du lion, 4 actes, Théâtre Antoine, nov. 1897. — 13.

La nouvelle idole, 3 actes, Théâtre Antoine, mars 1899. — 48.

La danse devant le miroir, 3 actes, Nouvel-Ambigu, janv. 1914. — 55.

Édition pour toutes les pièces de Curel : Georges Crès et Cie, 1920.

Maurice Donnay (1) :

La vrille, 1 acte, Théâtre de la Bodinière, mars 1895.

Amants, 5 actes, Renaissance, nov. 1895. — 64.

La douloureuse, 4 actes, Vaudeville, fév. 1897. — 120.

L'affranchie, 3 actes, Renaissance, fév. 1898. — 17.

Georgette Lemeunier, 4 actes, Vaudeville, déc. 1898. — 61.

Le torrent, 4 actes, Comédie-Française, mai 1899. — 34.

L'autre danger, 4 actes, Comédie-Française, déc. 1902. — 92.

Le retour de Jérusalem, 4 actes, Gymnase, déc. 1903. — 265.

L'escalade, 4 actes, 5 tableaux, Renaissance, nov. 1904. — 71.

Paraître, 4 actes, Comédie-Française, avril 1906. — 71.

Les éclaireuses, 4 actes, Comédie Marigny, janv. 1913.

Édition pour toutes les pièces de Donnay : *Théâtre*, Charpentier-Fasquelle.

Émile Fabre (2) :

L'argent, 4 actes, Théâtre-Libre, mai 1895. E. Flammarion, 1920.

Le bien d'autrui, 3 actes, Théâtre Antoine, nov. 1897. — 6. Stock, 1898.

---

fusa un permis de séjour. Mena une vie de loisir jusqu'en 1885 ; écrivit alors un roman. Ses premières pièces, dites « injouables », furent néanmoins produites par Antoine. Académie française 1918.

(1) Charles Maurice Donnay. Né à Paris 1862. École centrale 1885, mais ne resta pas ingénieur. Écrivit d'abord des saynètes et des vers, surtout pour le Chat-Noir ; il y donna *Phryné*, qui le fit connaître. Après cela il n'écrivit que pour la scène. Académie française 1907.

(2) Émile Fabre. Né à Metz 1870, fils d'un régisseur de théâtre. Après la mort de son père il entra dans les affaires, puis se fit journaliste. Sa première pièce, *Comme ils sont tous*, lui valut des félicitations de la part de Becque, qui fit accepter par Antoine, *L'argent* ; ce fut la dernière pièce du Théâtre Libre.

La vie publique, 4 actes, Renaissance, oct. 1901. — 59. E. Flammarion, 1920.

Les ventres dorés, 5 actes, 6 tableaux, Odéon, mars 1905. — 102. *Id.*, 1921.

La maison d'argile, 3 actes, Comédie-Française, fév. 1907. — 17. Calmann-Lévy, 1920.

Les vainqueurs, 4 actes, Théâtre Antoine, nov. 1908. — 46. *Id.*, 1909.

Un grand bourgeois, 3 actes, Théâtre Antoine, janv. 1914. — 43. *Petite Ill.*, 21 mars 1914.

GEORGES FEYDEAU (1) :

Le bourgeon, 3 actes, Vaudeville, mars 1906. — 92. Librairie Théâtrale, 1907.

ROBERT DE LA MOTTE ANGO, MARQUIS DE FLERS (2) :

Pour ses pièces, voir sous CAILLAVET.

LÉON GANDILLOT (3) :

Vers l'amour, 5 actes, Théâtre Antoine, oct. 1905. — 110. Imprim. de *l'Illustration*.

PAUL GAVAULT (4) :

La petite chocolatière, 4 actes, Renaissance, oct. 1909. — 87. Charpentier-Fasquelle.

---

(1) Georges Feydeau. Né à Paris 1862. Conquit de bonne heure le succès au théâtre. Auteur de nombreux vaudevilles et farces. Mort à Rueil 1921.

(2) Robert de la Motte Ango, marquis de Flers. Né à Pont-l'Évêque (Calvados) 1872. Famille illustre. Montra des aptitudes dramatiques comme enfant, mais ne parut comme auteur qu'après avoir obtenu la licence en droit et en histoire. Ses premières œuvres n'étaient pas des pièces. Fit la connaissance de Caillavet au *Figaro*, dont il devint rédacteur (avec Capus) après la guerre, et critique dramatique du *Gaulois* 1921. Se distingua à la guerre. Académie française 1920. Mort 1927.

(3) Léon Gandillot. Né à Paris 1862. Eut un succès immédiat comme auteur de vaudevilles, qui soulevèrent l'enthousiasme de Sarcey et de Lemaître ; Sarcey appela Gandillot son filleul. Ses mélodrames sont moins bons. Il écrivit aussi des vers. Sa dernière pièce, qui fut aussi sa seule pièce sérieuse, fut *Vers l'amour*. Mort à Neuilly 1912.

(4) Paul Gavault. Né à Paris 1867. Journaliste. Après 1901 il écrivit nombre de pièces légères qui lui valurent beaucoup de succès.

ALBERT GUINON (1) :

Le partage, 3 actes, Vaudeville, avril 1896. — 58. Ollendorff, 1898.

Le joug (avec Jane Marni), 3 actes, Vaudeville, nov. 1902. — 49. Librairie théâtrale, 1903.

Décadence, 4 actes, Vaudeville, fév. 1904. — 48. *Id.*, « 21e mille ».

Cette pièce fut quelque temps interdite par la censure.

Son père (avec A. Bouchinet), 4 actes, Odéon, oct. 1907. — 64. Librairie théâtrale, 1908.

Le bonheur, 3 actes, Théâtre Antoine, déc. 1911. — 44. *Ill. théâtr.*, n° 195.

ABEL HERMANT (2) :

La meute, 4 actes, Renaissance, avril 1895. — 29. Arthème Fayard, 1914.

L'esbroufe, 4 actes, Vaudeville, mars 1904. — 35. *Ill. théâtr.*, 1904.

PAUL HERVIEU (3) :

Les paroles restent, 3 actes, Vaudeville, nov. 1892. — 23. Alphonse Lemerre, 12e éd.

Les tenailles, 3 actes, Comédie-Française, sept. 1895. — 45. *Id.*

La loi de l'homme, 3 actes, Comédie-Française, fév. 1897. — 58. *Id.*

La course du flambeau, 4 actes, Vaudeville, avril 1901. — 41. *Id.*

L'énigme, 2 actes, Comédie-Française, nov. 1901. — 30. *Id.*

Le dédale, 5 actes, Comédie-Française, déc. 1903. — 73. Arthème Fayard, 1910.

Le réveil, 3 actes, Comédie-Française, déc. 1905. — 46. *Id.*

---

(1) Albert Guinon. Né à Paris 1863. Sa première pièce fut jouée à la Renaissance 1885 ; en 1892 il donna *Seul*, qui fut regardée comme « pièce rosse », au Théâtre-Libre. *Décadence* fit sensation. Guinon est aussi un auteur de nouvelles.

(2) Abel Hermant. Né à Paris 1862. Auteur de romans, de pièces, et de vers. Certains de ses romans furent la cause de discussions violentes. C'est d'un de ces romans qu'il tira *La carrière*, celle de ses pièces qui réussit le mieux au théâtre. Réaliste satirique et parfois naturaliste. Académie française 1927.

(3) Paul Hervieu. Né à Neuilly 1857. Se fit avocat, mais ne resta que deux ans au barreau. Il ne resta pas non plus dans le service diplomatique, et après 1881 il se tourna entièrement vers la littérature. Connu d'abord comme auteur de romans, il fit paraître sa première pièce en 1892. Académie française 1899. Mort à Paris 1915.

Connais-toi, 3 actes, Comédie-Française, mars 1909. — 61. *Id.*
Bagatelle, 3 actes, Comédie-Française, oct. 1912. — 43. *Ill. théâtr.*,
n° 231.

JEAN JULLIEN (1) :

La sérénade, 3 actes, Théâtre-Libre, déc. 1887, *Le théâtre vivant*,
par J. Jullien, Charpentier, 1892.
Le maître, 3 actes, Théâtre-Libre, mars 1890. *Id.*
La mer, 3 actes, Odéon, sept. 1891. — 13. *Id.*
La poigne, 5 actes, Gymnase, oct. 1900. — 41. Stock, 1902.

HENRI LAVEDAN (2) :

Le prince d'Aurec, 3 actes, Vaudeville, juin 1892. — 106. P. Ollen-
dorff.
Le marquis de Priola, 3 actes, Comédie-Française, fév. 1902. — 74.
Ill. théâtr., supplément au n° 3077.
Le duel, 3 actes, Comédie-Française, avril 1905. — 91. P. Ollen-
dorff.
Servir, 2 actes, Théâtre Sarah Bernhardt, fév. 1913. — 95. *Petite
Ill.*, n° 7.

JULES LEMAITRE (3) :

Révoltée, 4 actes, Odéon, avril 1889. — 35. Calmann-Lévy, 1906.
Le député Leveau, 4 actes, Vaudeville, oct. 1890. — 69. *Id.*

---

(1) Jean Jullien. Né à Lyon 1854. Chimiste industriel, il abandonna une
bonne situation en Bretagne et vint à Paris lutter pour ses principes dramatiques. Fonda successivement deux périodiques. Théoricien du théâtre,
adversaire acharné de la « pièce bien faite », il n'aimait pas non plus le naturalisme tout cru. Critique dramatique pour la presse, et auteur de quelques romans. Ses œuvres ne devinrent jamais populaires. Mort à Ville
d'Avray 1919.

(2) Henri Lavedan. Né à Orléans 1859, fils d'un journaliste. Ecrivit des
« chroniques » dans différents journaux parisiens 1885-1891 ; il les réunit
plus tard en cinq volumes, et en fit d'autres. Sa première pièce, *Une famille*, fut jouée à la Comédie-Française 1891. A beaucoup écrit pour les
périodiques. Académie française 1899.

(3) François-Élie-Jules Lemaître. Né à Vennecy (Loiret) 1853. École
normale supérieure. Professeur au lycée du Havre, et aux universités
d'Alger, de Besançon et de Grenoble. Écrivit sa thèse de doctorat sur le
théâtre 1882. Auteur fécond et critique bien connu. S'intéressa aussi à la
politique, et finit par devenir royaliste. Académie française 1895. Mort
à Tavers (Loiret) 1914.

Mariage blanc, 3 actes, Comédie-Française, mars 1891. — 27. *Id.*
Le pardon, 3 actes, Comédie-Française, fév. 1895. — 22. *Id.*
L'âge difficile, 3 actes, Gymnase, janv. 1895. — 76. *Id.*
La massière, 4 actes, Renaissance, janv. 1905. — 92. Supplément,
   L'Illustration.

OCTAVE MIRBEAU (1) :

Les mauvais bergers, 5 actes, Renaissance, déc. 1897. — 18.
   Charpentier-Fasquelle, 1898.
Les affaires sont les affaires, 3 actes, Comédie-Française, avril
   1903. — 56. Charpentier-Fasquelle, 1903.
Le foyer (avec Thadée Natanson), 3 actes, Comédie-Française,
   déc. 1908. Arthème Fayard, édition illustrée.

GEORGES DE PORTO-RICHE (2) :

La chance de Françoise, 1 acte, Théâtre-Libre, déc. 1888. *Théâtre
   d'amour*, Ollendorff, 1898.
Amoureuse, 3 actes, Odéon, avril 1891. — 67. *Id.*
Le passé, 4 actes, Odéon, déc. 1897. — 40. *Id.*
Le vieil homme, 5 actes, Renaissance, janv. 1911. — 83. *Ill. théâtr.*,
   nᵒˢ 170, 171.

MARCEL PRÉVOST (3) :

La plus faible, 4 actes, Comédie-Française, avril 1904. — 31.
   Suppl., *l'Illustration.*
Pierre et Thérèse, 4 actes, Gymnase, déc. 1909. — 39. *Ill. théâtr.*,
   n° 136.

---

(1) Octave Mirbeau. Né à Trivières (Calvados) 1850. Son enfance semble
avoir été malheureuse. Devint préfet, mais abandonna la politique pour
écrire. Un article qu'il écrivit sur les acteurs l'obligea à quitter le *Figaro.*
Auteur de romans et de nouvelles ; n'écrivit que peu de pièces. Surpassa
quelquefois Zola dans son naturalisme. Polémiste ardent, et pas toujours
du même côté. Mort à Paris 1917.

(2) Georges de Porto-Riche, né à Bordeaux 1849, de parents italiens.
Auteur de pièces en prose et en vers, et de poésies lyriques. Son style fut
appelé par Sarcey « du Meilhac exaspéré ». Académie française 1923.

(3) Marcel Prévost. Né à Paris 1862. Était ingénieur pour le gouvernement, mais démissionna en 1890 après avoir écrit ses trois premiers romans, qu'il fit suivre de beaucoup d'autres. Auteur aussi des *Lettres à
Françoise.* Il s'est fait une réputation de psychologue de la femme. Académie française 1909.

Edmond Sée (1) :

L'irrégulière, 4 actes, Théâtre Réjane, nov. 1913. — 28. Librairie
théâtrale.

Pierre Wolff (2) :

Le secret de Polichinelle, 3 actes, Gymnase, janv. 1903. — 24.
Librairie théâtrale, 1904.

Le ruisseau, 3 actes, Vaudeville, mars 1907. — 120. Charpentier-
Fasquelle, 1907.

La cruche (avec G. Courteline), 2 actes, Renaissance, fév. 1909.
— 24. Calmann-Lévy.

Les marionnettes, 4 actes, Comédie-Française, oct. 1910. — 48.
Librairie théâtrale, 1919.

L'amour défendu, 3 actes, Gymnase, nov. 1911. — 47. *Ill. théâtr.*,
n° 196.

(1) Edmond Sée. Né à Bayonne 1875. Élevé à Paris, où il devint docteur
en droit. Critique dramatique de *la Presse*. Sa première pièce fut jouée 1893.

(2) Pierre Wolff, né à Paris 1865, fils de l'auteur Albert Wolff. Auteur de
romans et de pièces. Il débuta au Théâtre-Libre avec *Jacques Bouchard* en
1890.

CHAPITRE PREMIER

CONVENTIONS DU THÉATRE EN GÉNÉRAL
CONVENTIONS NÉCESSAIRES ET CONVENTIONS INUTILES

Dans le dictionnaire Larousse, on trouve la définition suivante du mot *convention* : « Règle ayant un caractère général et qui résulte, non point de la nature des choses, mais d'un accord exprès ou tacite entre les hommes. » Le *New English Dictionary* de Murray donne une définition du mot dans le même sens, et ajoute : « In a bad sense : accepted usage become artificial and formal, and felt to be repressive of the natural in conduct or art ; conventionalism. » Ce dernier mot est ainsi défini : « Anything characterized by adherence to mere convention, tendency to obey conventional rules or regulations. Opposite : freshness of feeling, enthusiasm. »

Ces définitions du dictionnaire anglais rendent bien l'idée que nous nous faisons de la convention et de tout ce qui est conventionnel au théâtre. « Usage accepté qui est devenu artificiel et formaliste » ; ce qui tend à réprimer le naturel et le spontané ; ce qui est contraire à la vérité, comme nous venons de l'entendre dire avec tant de vigueur par Henry Bataille (1). En général, ceux qui parlent de conventions du théâtre n'ont pas besoin d'expliquer qu'ils veulent dire quelque chose qui nuit à la réalité de l'action et des sentiments. Lorsqu'une convention est rédigée en formule, c'est-à-dire lorsqu'elle résulte « d'un accord exprès », elle

(1) Voir l'Introduction.

devient une règle ; telle la fameuse règle des unités de temps
et de lieu. Si l'accord est simplement tacite, la convention
peut néanmoins avoir une autorité dans l'usage presque
équivalente à celle d'une règle. A moins qu'elle ne soit fondée
sur la nécessité même, elle sera fatalement une influence
nuisible à la vérité de l'action représentée, tout comme les
conventions sociales et l'étiquette exagérée empêchent souvent la vérité dans la vie.

Mais il faut distinguer entre deux types de conventions.
D'abord celles qui sont fausses en elles-mêmes. Par exemple,
certains Américains qu'on voit dans le théâtre de Dumas fils
et d'Hermant sont des êtres qui n'ont jamais existé, des
êtres de pure convention ; la jeune fille qu'on retrouve dans
tant de pièces légères, notamment dans celles de Caillavet
et de Flers, est conventionnelle aussi parce qu'elle est
fabriquée de toutes pièces. D'autre part, il y a des choses
qui ne sont pas fausses en elles-mêmes, mais qui à force
d'usage — on pourrait dire d'usure — en sont venues à le
sembler. Elles font penser à ces locutions qui ont commencé
par être originales, de vraies trouvailles de mots, et qui ont
fini par devenir des clichés, c'est-à-dire tout ce qu'on
peut imaginer de plus banal. Pareillement, au théâtre, un
personnage représenté toujours sous les mêmes traits, une
situation répétée mille fois, deviennent conventionnels. Ici,
la convention n'est pas la fausseté ; c'est la banalité. Si
un certain type de Juif, type qui existe dans la vie réelle,
se retrouve sur la scène pour ainsi dire à l'exclusion de tout
autre, c'est un Juif conventionnel. Si la même situation se
retrouve dans tant de pièces qu'on sait d'avance ce qu'on
va rencontrer, cette situation est conventionnelle, ce qui
ne veut pas dire qu'elle est impossible ou foncièrement fausse,
mais seulement qu'elle est devenue comme une règle.

Mais il y a, comme je viens de le laisser entendre, des
conventions nécessaires. Il y en a surtout de la catégorie
que nous pouvons appeler conventions extérieures, qui sont
liées à la mise en scène, au jeu des acteurs, au dialogue, à
la construction et à l'agencement d'une pièce. Sans cer-

taines de ces conventions, aucun théâtre ne pourrait être.

On sait que la salle de théâtre même est une convention. Supposons que la scène représente l'intérieur d'une chambre. Nous voyons trois murs, mais le quatrième est invisible, parce qu'à la place où il devrait être, il y a l'auditoire, et dans cette chambre, où nous entendons deux ou trois personnes discuter des projets secrets, il y a en réalité des centaines d'autres personnes qui voient et entendent tout, mais qui, malgré cela, ne peuvent avoir aucune influence sur l'action, et dont la présence n'est ni prévue ni connue dans la pièce. Quelle situation absurde ! Mais nous l'acceptons sans y penser, car nous ne pouvons faire autrement. En effet, une pièce, en tant que pièce, ne peut exister sans auditoire, et cet auditoire ne peut voir et entendre que si l'on supprime le quatrième mur de la chambre, le quatrième côté de la scène. Mais une pièce doit représenter une action véritable qui se passe ici ou là, suivant le lieu que montre la scène, et pour cela, il faut imaginer que ce quatrième côté (ce quatrième mur si le lieu est une chambre) existe, ce qui revient à dire que la salle de théâtre et les spectateurs n'existent pas. Etre obligé, chaque fois que nous assistons à une représentation dramatique, de commencer par imaginer que nous n'existons pas nous-mêmes !... problème insoluble en théorie, mais qui se résout facilement en pratique, pourvu que la pièce soit bien exécutée. Si la pièce nous donne l'illusion de la réalité, comme elle doit le faire (1), les spectateurs sont une convention. Pensée paradoxale, déraisonnable en apparence ! et pourtant d'une logique inéluctable.

---

(1) On pourrait réunir des pages entières de définitions et de discussions du sujet : quel est le but du théâtre ? D'aucuns ont dit que c'est le divertissement ; d'autres, que c'est l'instruction morale. Mais il me semble que ce sont des buts accessoires, et que pour les réaliser, il faut toujours remplir une condition principale, bien exprimée par Alfred Capus : « Le théâtre, en effet, c'est, en vertu de la meilleure définition que nous en ayons, la représentation animée de la vie ; et, par conséquent, la création d'êtres qui, par leurs passions, leurs contacts, leurs paroles, soient capables de procurer à des hommes assemblés l'illusion de la vie réelle » (*Revue de Paris*, 15 avril 1911, p. 787).

Ce qui ressort de cette situation, c'est que l'action de la pièce et la présence des spectateurs sont deux choses à part, et que l'une n'a rien à faire avec l'autre. Si Chapelain, Gottsched, et bien d'autres partisans des unités de temps et de lieu avaient eu conscience de cette proposition fondamentale du théâtre, ils n'auraient pas pu émettre des raisonnements aussi absurdes que certains de ceux dont ils se sont servis en défense des règles classiques (1).

Une pièce doit donc donner l'illusion de la réalité... « hold the mirror up to nature », comme l'a dit Hamlet. (Bien entendu, je ne parle que des pièces sérieuses.) Cette réalité, cependant, n'est pas obligatoirement celle que nous connaissons, et les personnages de la pièce peuvent représenter des êtres qui n'ont jamais existé, sans détruire l'illusion. On peut mettre en scène des dieux, des fées comme dans *Le songe d'une nuit d'été*, ou des monstres comme Caliban dans *La tempête*, et ces personnages peuvent paraître réels, pourvu que l'auteur les fasse agir conformément à leurs rôles, et qu'il ne nous les montre pas se comportant comme des bourgeois (2).

(1) Chapelain (*Lettre sur l'art dramatique*), soutient la nécessité de l'unité de temps, parce que le spectateur « est présent à l'action du théâtre comme à une véritable action ». Gottsched fait la *reductio ad absurdum* de l'argument, sans paraître en voir le ridicule : « Comment est-il probable qu'on voit arriver le soir plusieurs fois sur la scène, tandis qu'on reste soi-même en un endroit sans manger, boire, ni dormir ? » (*Versuch einer Critischen Dichtkunst*, partie I, chap. x). On voit comment raisonnait Gottsched, à sa façon d'expliquer la composition de la tragédie d'*Œdipe roi*. Selon lui, Sophocle eut d'abord l'idée d'une vérité morale, puis imagina une intrigue pour en illustrer l'action, et enfin, cherchant un exemple célèbre, trouva toutes les circonstances de son intrigue dans la légende d'Œdipe. Du reste, Chapelain était aussi illogique que Gottsched, en maintenant que le spectateur était présent comme à une véritable action, et en admettant en même temps que l'action de la pièce pouvait durer vingt-quatre heures. L'abbé d'Aubignac, dans sa *Pratique du théâtre*, raisonne un peu comme Gottsched : « Ne faudroit-il pas que les acteurs prissent du repos et leurs repas, et qu'ils s'emploiassent à beaucoup de choses qui ne seroient point du sujet... ? »

(2) Voir un excellent article sur ce sujet par St. John Ervine, dans la *Yale Review* de jan. 1922, intitulé « The Realistic Test in Drama ». Voir aussi, dans Lessing, *Hamburgische Dramaturgie*, et dans Villemain, *Cours*

Puisque le théâtre cherche avant tout à se rapprocher de la réalité, il semble que les conventions doivent être jugées utiles ou nuisibles, selon qu'elles contribuent à rehausser ou à diminuer l'impression de réalité — de vraisemblance, comme on disait au xviie siècle — produite par une œuvre dramatique. Il y a des conventions, en outre, dont on ne peut se passer. Nous en avons discuté la première et la plus fondamentale ; arrivons à une autre presque également indispensable. C'est la convention de la langue.

Ceci signifie tout simplement qu'une pièce doit être jouée dans la langue la mieux comprise par les spectateurs, et qui est généralement, en pratique, la seule possédée par la plupart d'entre eux. Sans doute c'est une convention de faire parler les personnages de Sophocle ou d'Ibsen en français, mais qui irait les entendre, à Paris, en grec ou en norvégien ? On n'a jamais eu l'idée de s'en prendre à Racine pour ne pas avoir fait usage de la langue turque dans *Bajazet.* Cette convention est si nécessaire que nous l'acceptons, comme l'autre, sans y penser. Nous gardons l'illusion, à moins que l'auteur ne la trouble en voulant être trop réaliste, c'est-à-dire en faisant parler à ses personnages, par endroits seulement, leur vraie langue, au lieu de celle qu'ils parlent ailleurs dans la pièce. Shakespeare a commis cette faute, surtout dans *Le roi Henri V.* Dans les scènes d'Henri et de Catherine, et de Pistol, un soldat français, et un garçon, il peut avoir voulu le burlesque, mais il ne l'a sûrement pas voulu dans les scènes mouvementées de la bataille d'Azincourt : il en produit cependant l'effet en mettant des phrases de français dans la bouche du dauphin. Lorsque nous entendons ce dauphin crier : « Aux armes ! Montez à cheval ! La journée est perdue ! Tout est perdu ! » mêlés avec des phrases en anglais proférées par lui et par ses hommes, et lorsque nous remarquons que le dauphin parle anglais la

de littérature française, des critiques de la bonne manière d'introduire un spectre sur la scène (*Hamlet*), et de la mauvaise (*Sémiramis* et *Eryphile,* de Voltaire).

plupart du temps et que le roi de France ne parle point autre chose, nous nous rappelons subitement que ces gens n'emploient pas la langue qu'ils devraient employer, et que nous ne sommes pas en présence de la réalité, mais seulement d'une imitation assez artificielle. Je laisse de côté la question de savoir si c'est de franc-jeu envers les spectateurs de leur lancer des passages dans une langue qu'ils ne sont pas censés comprendre. Il n'est pas possible, au spectateur d'une œuvre dramatique, comme il l'est au lecteur d'un roman, de prendre le temps de s'éclairer sur le sens des phrases qu'il rencontre dans une langue inconnue... d'ailleurs, si l'auteur d'un roman tient à semer dans son livre de nombreux passages d'une langue étrangère, il peut — bien qu'il ne le fasse pas souvent — les traduire, chose évidemment impraticable dans une pièce (1).

Puisque cette convention de la langue est si nécessaire, on n'a pas besoin de faire un grand effort de l'imagination pour admettre l'emploi du vers dans une pièce. Ce n'est pas une nécessité, mais ce peut être un avantage, car peu de gens se trouvent d'accord avec Chapelain, qui, dans sa *Lettre sur l'art dramatique*, déclara « l'absurdité m'en semble si grande, que cela serait capable de me faire perdre l'envie de travailler jamais à la poésie scénique quand j'y aurais

____

(1) Un autre désavantage d'une pièce en deux langues, c'est l'inconvénient d'une traduction. Certes, un auteur dramatique n'est pas tenu de considérer cette question-là, mais elle est d'un intérêt pratique de nos jours. On n'a qu'à regarder les scènes de Shakespeare déjà mentionnées, dans la traduction allemande de Schlegel et Tieck, où dans la traduction française de Montégut, pour voir les absurdités qui en résultent. Par exemple, nous entendons le roi Henri se lamenter, en excellent français, au sujet de son mauvais français, et continuer à parler français tout en assurant Catherine qu'il parle anglais (« Oh, fi maintenant de mon mauvais français ! Sur mon honneur, en bon anglais, je t'aime, Catherine ! ») ; et dans une autre scène, le garçon, sur la demande de Pistol, traduit un passage de français en français !

Remarquons que la convention de la langue ne s'applique pas d'ordinaire aux décors, qui parlent à l'œil seulement. Dans *Carmen*, où tous les Espagnols parlent français, on lit « Plaza de toros » à l'entrée de l'arène. Chacun peut se rappeler d'autres exemples.

une violente inclination. » Corneille, avec son bon sens habituel, exprima la vérité en disant : « Les vers qu'on récite sur le théâtre sont présumés être prose (1). » C'est aussi juste que de dire que le français récité dans *Cinna* ou *Horace* est présumé être latin.

Une troisième convention nécessaire d'une pièce bien construite est expliquée par Séché et Bertaut, dans *L'Evolution du théâtre contemporain*, pp. 110-111. La voici : « Une pièce de théâtre est une œuvre d'art, elle doit présenter cette apparence de quelque chose de terminé, d'achevé, quelque chose qui a un commencement, un milieu, et une fin. Or, si nous copions la vie, comment pourrons-nous conserver à notre œuvre cette qualité ? La vie n'a ni commencement, ni fin : c'est un enchaînement indéfini de causes et d'effets. Le théâtre ne peut être la vie qu'à condition de la modifier, de la transformer, de la faire rentrer dans un certain cadre. Ce n'est pas la réalité elle-même que nous cherchons, c'est l'interprétation de la réalité. Cette convention est indispensable, absolue, au même titre qu'il est indispensable que les pistolets ne soient pas chargés à balle. » Cette convention, cependant, n'est pas une véritable convention nécessaire ; c'est une convention artistique. Elle est nécessaire, sans doute, à une pièce artistique, mais pas à une pièce quelconque : les auteurs le prouvent eux-mêmes en montrant comment le genre de pièce « fait-divers », par le mépris de cette convention, a fourni au Grand-Guignol des productions sans valeur artistique.

(1) *Examen d'Andromède.* En parlant de l'origine du théâtre bourgeois (voir l'Introduction), j'aurais pu dire que Corneille l'avait anticipé. Dans son épître au conseiller-secrétaire du prince d'Orange, qu'on trouve comme préface à *Don Sanche d'Aragon*, il dit que c'est l'action même, et non pas le rang des personnages, qui détermine si une pièce est une tragédie ; qu'il n'y a pas que les princes qui souffrent des malheurs tragiques ; que nous sommes plus susceptibles d'éprouver la terreur ou la pitié devant le spectacle de ces malheurs quand ils frappent des personnes de notre condition, et qu'on pourrait fort bien faire une tragédie avec de telles personnes. On ne l'a pas faite jusqu'ici, ajoute-t-il, parce que l'invraisemblance de la tragédie a besoin de l'histoire pour la soutenir.

Il y a d'autres conventions nécessaires. C'est une convention que la scène ne reste jamais vide... hors d'intervalles extrêmement brefs. Ce n'est pas la vie, mais une pièce ne peut pas imiter la vie dans ses aspects fastidieux. C'est une convention aussi qu'un personnage n'arrive sur la scène que juste au moment où ceux qui s'y trouvent déjà ont fini de dire exactement autant qu'il en faut à l'auteur pour faire marcher la pièce, ni plus ni moins. Dans la vie, même des conversations importantes subissent des interruptions ennuyeuses. Encore une convention nécessaire : quand un groupe de personnes, plus ou moins dispersées, se trouve sur la scène, et que toutes se parlent, nous entendons, à tour de rôle, celles dont les paroles sont essentielles au progrès de la pièce ; les autres ne font que de la pantomime. Convention d'une nécessité péremptoire, car si nous entendions tout le monde, nous n'entendrions personne.

Toutes les conventions nécessaires mentionnées jusqu'ici sont des conventions extérieures, mais il y a des conventions extérieures, et non des moins fréquentes, qui ne sont pas nécessaires. Les deux principales sont le monologue et l'aparté. Les classiques, du moins Racine, n'aimaient pas beaucoup le monologue. Pourtant il y a des cas dans la vie réelle où on parle tout haut à soi-même, généralement sous l'empire de quelque forte émotion, ou simplement de l'impatience (1). Qui se sert du monologue pour faire l'exposition de sa pièce, ne sait pas son métier (2), mais le monologue psychologique peut se justifier. Souriau fait remarquer que les romantiques l'employèrent quelquefois très à propos, et il reconnaît des cas où il est pour ainsi dire inévitable, car il dit : « Le monologue n'est intéressant que quand il est nécessaire. » Qui voudrait rayer, ou changer en dialogue, le fameux monologue de don Diègue dans *Le Cid*, ce monologue où éclate

____

(1) C'est la remarque aussi de l'helléniste Thomas D. Goodell : voir son livre *Athenian Tragedy*, p. 43.

(2) Une exposition comme celle de *Rodogune*, où un personnage raconte à un confident des faits que les deux savent depuis des années, n'est guère meilleure.

CLIFFORD BISSELL.   3

sa fureur et son désespoir quand il vient de recevoir l'insulte
mortelle ? Toute la scène y perdrait. Il est nécessaire que
cette première fureur s'exhale ; la scène suivante, dans laquelle don Diègue raconte l'outrage à son fils, est d'autant
plus impressionnante par le contraste du calme et de la
maîtrise de soi, qu'il montre dans son récit (1).

De toutes les conventions extérieures, l'aparté est la plus
artificielle. Son but, comme celui du monologue, est de
dévoiler les sentiments secrets du personnage qui parle.
Mais il est moins rationnel, car il suppose que des paroles,
imperceptibles aux autres personnages sur la scène, soient
comprises par tous les spectateurs... et dans le cas de l'aparté,
on ne peut imaginer que les spectateurs n'existent pas,
parce que ces paroles, étant pour eux seuls, rappellent
forcément leur présence, et par cela même écartent l'illusion
de la réalité. Souvent le but de l'aparté est simplement de
faire rire ; il est donc plutôt de mise dans les genres légers,
tels que la farce. Scribe et ses disciples en abusèrent. Qu'on
examine, par exemple, un des meilleurs échantillons de la
« pièce bien faite », *Le monde où l'on s'ennuie*, de Pailleron,
produite en 1881, et qu'on joue encore à la Comédie-Française.
Dans les trois actes et trente-quatre scènes de cette pièce, il
n'y a pas moins de quatre-vingts apartés proprement dits !
C'est déjà joli, mais ce n'est pas tout. En outre, il y a
quatre-vingt-treize exemples de cette variété de l'aparté qu'on
peut appeler la « conversation non entendue », c'est-à-dire
des paroles adressées à quelqu'un qui les entend parfaitement, en commun avec les spectateurs, cependant que
d'autres personnages sur la scène ignorent même qu'on
parle. Comme si ce n'était pas assez, il y a aussi dans la
pièce une scène où une jeune fille lit à haute voix une
lettre et la commente à l'intention des spectateurs, tout
en s'efforçant de cacher l'existence de ladite lettre à deux
personnes assises en face d'elle à une table.

(1) Il faut que ce monologue soit un exemple particulièrement frappant.
J'avais écrit ce passage avant de remarquer que Souriau avait choisi le
même monologue pour en parler en des termes très semblables.

C'est un problème quelquefois difficile à résoudre que
de faire connaître le contenu d'une lettre, même quand il
ne s'agit pas de la cacher. Dans la vie réelle, on a souvent
occasion de lire à haute voix une lettre à une autre personne,
mais très rarement à soi-même, surtout si c'est une lettre
qu'on vient d'écrire. Cela ressemble trop au monologue
d'exposition. Un auteur qui connaît son métier saura s'en
tirer par de meilleurs moyens. Brieux, dans *Suzette*, l'a fait
très adroitement.

Je n'ai pas essayé, dans ce chapitre, d'énumérer toutes
les conventions extérieures. Dans le chapitre suivant, nous
allons les regarder de plus près, dans le théâtre bourgeois
contemporain.

CHAPITRE II

CONVENTIONS EXTÉRIEURES DANS LE THÉATRE BOURGEOIS CONTEMPORAIN

Dans son livre *The Plays of Eugène Brieux*, l'auteur anglais P. V. Thomas dit (p. 72) : « *La Robe Rouge* n'est dénommée ni comédie ni tragédie. Elle est appelée une pièce — terme qui ne signifie rien et qui ne laisse rien deviner de l'intention de l'auteur (1). » Si Thomas a raison, on doit conclure de sa plainte que *comédie* et *tragédie* sont des termes tout à fait clairs. Puisque nous avons affaire au drame bourgeois, qui ne comprend pas la tragédie proprement dite, commençons par écarter ce mot de la discussion ; écartons aussi les termes *farce* et *vaudeville*. Il faudra donc qu'une pièce bourgeoise soit drame ou comédie, et comme Thomas, dans la phrase citée, n'emploie pas le mot *drame*, la question se réduit à ceci : Si un auteur appelle sa pièce une comédie, est-ce tout ce qu'il faut pour nous faire savoir d'avance comment il va traiter son sujet ? Pouvons-nous savoir que la pièce ne sera pas triste ? Que la matière sera traitée de façon plaisante ? Si la réponse est affirmative, la plainte de Thomas peut se justifier ; autrement non.

Tout d'abord, remarquons que Diderot n'entendait pas le mot *drame* dans son sens étroit d'aujourd'hui ; pour lui, il signifiait la même chose que le mot anglais *drama*. On trouve ce sens dans le *Nouveau Larousse Illustré*, où en premier

---

(1) « *La Robe Rouge* is called neither comedy nor tragedy, it is called a play — a meaningless term which gives no clue to the author's intention. »

lieu il y a la définition suivante du mot : « Pièce de théâtre représentant une action, soit comique, soit tragique » ; c'est seulement après que vient le sens plus usuel : « Se dit particulièrement d'une pièce de théâtre où le comique est mêlé au tragique. » Et voici la définition du mot *comédie* : « Pièce de théâtre où l'on met en action, d'une façon plaisante, des caractères, des faits ou des mœurs de la vie contemporaine. » Il me semble que la seconde définition du mot *drame* est encore trop large, et que l'idée générale de ce terme est plutôt d'une pièce où l'élément tragique forme le point culminant, et qui finit par la mort d'au moins un personnage important. Du reste, Larousse ajoute : « Le départ est très difficile à faire entre le drame proprement dit et la pièce dramatique », mais je ne me rappelle aucune pièce d'un auteur connu portant ce nom de « pièce dramatique ». Il est certain que nous n'appellerions pas *Le fils naturel* de Diderot un drame, quoique lui-même l'ait cité comme un exemple du « genre sérieux », genre qui, pour lui, penchait au tragique plutôt qu'au comique (1).

On associe d'ordinaire le mot *comédie* à l'idée du rire, bien que ce rire puisse être mêlé de cynisme et d'amertume. Diderot, en niant qu'une certaine pièce de Térence soit une véritable comédie, dit : « Il n'y a pas le mot pour rire », et nous trouvons fréquemment juxtaposés les mots « comédie » et « faire rire », comme ceux de « tragédie » et « faire pleurer ». Mais *La Grande Encyclopédie* nous fait voir que *comédie* devenait de plus en plus difficile à définir, même avant la période contemporaine. Nous y trouvons (p. 1206) : « La comédie proprement dite disparaît pour faire place à la

____

(1) *Œuvres complètes*, édition Brière (1821), vol. IV, p. 439 : « J'ai essayé de donner, dans le *Fils Naturel*, l'idée d'un drame qui fût entre la comédie et la tragédie. Le *Père de Famille*... est entre le genre sérieux du *Fils Naturel*, et la comédie. » Mais à la page 486 il dit : « Je fis la comédie *du Fils Naturel*. » C'est-à-dire qu'il appelle la même pièce genre sérieux et comédie, tout en déclarant qu'il y a une distinction entre ces deux noms, distinction qui, semble-t-il, n'était pas bien claire dans son esprit. Voir aussi p. 189, et (pour la citation au sujet de la pièce de Térence), p. 184.

comédie-drame d'Émile Augier, d'Alexandre Dumas fils (1),
de Victorien Sardou, de Théodore Barrière, etc. » A la page
suivante nous lisons que Scribe introduisit deux actes de
drame dans ses comédies de cinq actes, et une page plus
loin : « Aujourd'hui la comédie pure semble abandonnée. »

On voit que la situation s'embrouille. Et quand nous
jetons les yeux sur la production contemporaine, nous voyons
que la pièce bourgeoise est de substance tellement diverse
et mêlée, et que la signification du mot *comédie* est tellement
confuse, que l'auteur qui essaierait de classer ses pièces dans
des catégories, comme le veut Thomas, tomberait dans la
convention pure. Ceux qui se servent du terme *comédie* pour
quelques-unes de leurs pièces y sont déjà. Car, en général,
ce terme ne laisse pas du tout deviner l'intention de l'auteur ;
nous allons le constater sans tarder. Comment peut-on
supposer qu'un terme qui s'applique à deux pièces aussi
différentes que *La griffe*, de Bernstein, et *La petite chocolatière*, de Gavault, donne un renseignement sur leur contenu
où sur la façon dont il est traité ? C'est l'œuvre elle-même
qui doit révéler, mieux que toute étiquette, l'intention
de l'auteur. Et cette situation actuelle justifie pleinement
l'emploi par l'auteur du mot *pièce*, qui ne peut tromper
personne (2).

(1) Les auteurs eux-mêmes n'employaient pas ce mot. Ils appelaient
leurs productions « comédies » ou « pièces ».

(2) Voir aussi Capus, *Notre époque et le théâtre*. L'auteur y parle de
l'impossibilité d'un classement quelconque des œuvres contemporaines,
de la confusion des genres et du désordre apparent ; il croit que le mélange
des genres résulte du mélange des classes dans la vie actuelle, et que cette
dernière est en train de refaire l'art du théâtre à son image. Il n'y a plus
de classes sociales clairement délimitées parmi les spectateurs, et le spectateur accepte d'avance « toutes les conceptions de la vie, tous les points
de vue... car il sait que la vie contemporaine présente tour à tour, et parfois
simultanément, tous les aspects » (Voir pp. 14, 22). A propos de sa pièce
Les deux écoles, Capus est cité (*Le Matin*, 28 fév. 1902) comme ayant dit :
« J'estime qu'il n'y a que deux genres... le vaudeville et le drame. » Mais il
n'usa ni de l'un ni de l'autre de ces termes pour ses productions dramatiques, qu'il appela conventionnellement « comédies » ou (rarement)
« pièces ».

D'abord, il est à remarquer que le terme *drame* est tombé en désuétude. Nous ne le trouvons appliqué qu'à deux des pièces de notre liste, et ces deux-là, *Michel Pauper* de Becque et *Mariage blanc* de Lemaître, ne sont pas des plus récentes. Toutes deux se terminent par la mort du personnage principal. C'est peut-être parce que le mot *drame* fait trop penser au drame romantique, avec ses poignards, ses poisons, et autres accessoires, ou au mélodrame des boulevards, que les auteurs contemporains ne veulent pas s'en servir (1).

Quelques pièces portent des noms de classement spéciaux. Dans notre liste, elles ne sont pas nombreuses. Jullien a appelé *La sérénade* « étude de bourgeois », *Le maître* « étude de paysans », et *La mer* « étude de marins » ; Hervieu a appelé *Les paroles restent* (qui finit tragiquement) une « comédie dramatique » ; *L'anglais tel qu'on le parle* est dénommé vaudeville, et avec raison ; et *La barricade*, de Bourget, porte le sous-titre « Chronique de 1910 ».

Hors de ces six, toutes les pièces de notre liste sont des *comédies* ou tout simplement des *pièces*. Il y a quatre-vingt-quatre *comédies*, tandis que les *pièces* sont au nombre de soixante, et nous verrons que dans beaucoup de cas nous n'en savons pas plus sur la nature des premières que des secondes. Bernstein appelle *La griffe* une comédie, mais c'est une peinture vivante de la dépravation morale progressive du personnage principal, qui finit par devenir fou. Dans *Hélène Ardouin*, (2) Capus conduit Hélène à travers tous les découragements, et lui fait accepter la mort comme la seule solution possible de ses problèmes ; ce n'est pas un cas de suicide, mais elle ne regrette pas d'en finir avec la vie. Le ton pessimiste domine dans la pièce entière, mais

(1) Séché et Bertaut disent que le mot *drame* fut bientôt employé pour désigner le mélodrame, ce qui le distinguait de la comédie dramatique du Gymnase, de la Comédie-Française, etc. (*L'évolution du théâtre contemporain*, p. 125).

(2) Nozière, dans *L'Intransigeant*, appelle *Hélène Ardouin* un « drame discret et quotidien », et de Pavlovsky, dans *Comœdia*, dit « ce drame un peu noir ».

l'auteur l'appelle *comédie*. Quelques autres *comédies* sont les suivantes : *Les affaires sont les affaires*, de Mirbeau, où tout le monde est malheureux au dernier acte et le fils du personnage principal se tue dans un accident d'automobile ; *L'adversaire*, de Capus, qui finit malheureusement pour le mari et la femme ; *L'irrégulière*, de Sée, à dénouement semblable à celui de *L'adversaire* ; *L'amour défendu*, de Wolff, une véritable tragédie pour le pauvre mari ; *Poliche*, de Bataille, que l'auteur fait précéder d'une citation de Schopenhauer, et dans laquelle Poliche voit l'anéantissement de toutes ses espérances ; *L'affranchie*, de Donnay, où le rideau final tombe sur le spectacle de l'héroïne évanouie de désespoir ; *La douloureuse*, de Donnay, où il y a un suicide au premier acte ; *Les trois filles de Monsieur Dupont*, de Brieux, où tout le monde semble voué à une vie de tristesse sans remède ; *Le marché*, de Bernstein, dont Fouquier écrivit : « Comédie, dit l'affiche : en réalité drame et des plus poignants qui puissent être, non par les incidents, mais par l'état d'âme de l'héroïne (1). » *Les corbeaux*, cette sombre, amère pièce de Becque, est appelée une comédie. R. Maizeroy fait ce commentaire sur *Mariage bourgeois*, de Capus : « Malgré son titre de comédie, la pièce de M. Capus est profondément triste et mélancolique (2). » *Le vieil homme*, de Porto-Riche, fut salué comme une grande tragédie par plusieurs journalistes lors de sa première représentation (3). Mais dans un article d'André Rivoire sur la même pièce, nous trouvons les mots « cette comédie (4). » Porto-Riche appela aussi *Le passé* comédie (là, du moins, il n'y a pas de mort violente comme dans *Le vieil homme*), tandis

---

(1) *Le Figaro*, 12 juin 1900.

(2) *Recueil Stoullig*, 6 mars 1898.

(3) « Une poignante tragédie » (Nozière, dans *L'Intransigeant*) ; « une tragédie de l'amour » (Ernest-Charles, dans *L'Opinion*) ; « *Le Vieil Homme* est, avec *La Course du Flambeau* de M. Paul Hervieu, le sommet du théâtre contemporain, voilà Shakespeare, voilà Wagner (R. Gignoux dans *Paris-Journal*). Ces citations sont toutes tirées d' « articles du lendemain ».

(4) *Revue de Paris*, 1ᵉʳ fév. 1911, « Le théâtre d'amour et *Le Vieil Homme* ».

que Bordeaux dit « cette étonnante tragédie » en parlant
de la même production (1). Bernstein emploie le mot *tragédie*
en parlant de sa pièce *Israël* dans la préface de cette dernière, mais lui donne le titre officiel de *pièce*.

Ce nom *pièce* est dans la pratique un terme sans précision :
il ne remplace pas le mot *drame*. Souvent un auteur s'en
sert, tantôt pour des œuvres qu'on pourrait avec justesse
appeler des drames, tantôt pour d'autres qui passeraient
pour des comédies. Comme exemples de la première classe,
citons *La rafale* et *Israël* de Bernstein, *La danse devant le
miroir* de Curel, *Vers l'amour* de Gandillot, *La marche
nuptiale* de Bataille, *Le dédale*, *La course du flambeau* et
L'énigme, d'Hervieu, *Les mauvais bergers* de Mirbeau,
Les vainqueurs de Fabre, *Le partage* de Guinon, *Le torrent*
et *Paraître* de Donnay. Chacune de ces pièces contient une
mort tragique au dernier acte, et plusieurs de ces morts sont
des cas de suicide ou de meurtre. Mais on aurait bien tort
d'en conclure que le mot *pièce* est simplement un remplaçant
de l'ancien titre *drame*. Donnay appelle ses deux pièces,
Amants et *L'affranchie*, des *comédies*, mais pour *L'escalade*,
qui est de beaucoup la plus frivole des trois, il préfère le
nom de *pièce*. Et pourquoi Capus appelle-t-il deux œuvres
légères comme *Les deux hommes* et *L'attentat*, des *pièces*,
tandis qu'il donne le nom de *comédie* à *Hélène Ardouin*,
œuvre mélancolique ? Jules Lemaître choisit le titre de
pièce pour *Révoltée*, et celui de *comédie* pour *Le député
Leveau*.

Par endroits, nous semblons entrevoir une certaine distinction : chez de Curel, par exemple, le mot *comédie* est
réservé à des œuvres moins graves que celles qu'il dénomme
pièces. Les œuvres qui traitent de la politique sont généralement des *comédies*, à moins qu'il n'y ait mort violente,
comme dans *Les vainqueurs* ou *Les ventres dorés* de Fabre.
Mais il ne faudrait pas chercher une distinction entre les
œuvres qui observent spécialement les conditions ou les

(1) *La vie au théâtre*, p. 211.

classes politiques et sociales, et celles qui suivent les péripéties personnelles des hommes et des femmes : les deux éléments sont trop mélangés, sans compter qu'il y a des études de types politiques et sociaux, comme *L'assaut* de Bernstein et *Un grand bourgeois* de Fabre, qui portent le titre de *pièce*.

Dans la préface aux *Annales* de 1897, Faguet essaie de prouver qu'on trouve à ce moment-là la vraie comédie, la comédie classique telle qu'elle a été depuis Corneille jusqu'à Scribe : « une comédie courte et dépouillée », le « mélange du comique et du tragique à peu près écarté » ; « pas, ou dans une proportion très faible, une pièce à thèse ». Ceci en contraste avec la comédie d'Augier, de Dumas fils, etc., qu'il considère comme une sorte de déviation : « sauf le dénouement heureux, elle était le plus souvent une tragédie bourgeoise pure et simple ; et, comme de temps en temps, le dénouement malheureux s'imposait, elle devenait un peu drame et elle était forcée d'abandonner même son nom de comédie, et de s'intituler tout simplement « pièce de théâtre ». La comédie du milieu du XIXe siècle est une pièce de théâtre d'un genre tout spécial, très difficilement définissable, où drame, mélodrame, tragédie bourgeoise, comédie romanesque, comédie proprement dite, se trouvent confondus. » Faguet dit juste, mais je ne vois pas pourquoi ses remarques ne s'appliqueraient pas également aux pièces de 1897 et des années précédentes et suivantes. Nous avons vu que Capus le croit, et je pense avoir démontré qu'il a raison. Notez, aussi, que Faguet semble vouloir nous persuader que le nom *pièce* s'applique aux œuvres à dénouement malheureux, et celui de *comédie* aux pièces à dénouement heureux, mais nous venons de voir qu'il n'en est pas ainsi.

Brunetière, dans la préface aux *Annales* de 1894, tâche de faire une distinction entre les genres *tragédie*, *drame* et *comédie* suivant l'espèce de conflit dramatique et la nature et la puissance des forces qui se trouvent opposées à la volonté du héros. Ce principe, appliqué aux pièces de notre période, reste sans résultat. D'ailleurs, la valeur en est sensiblement diminuée par l'auteur lui-même, car il ajoute : « Je ne dis pas après cela que les types soient toujours purs. »

Et quelle description insuffisante et contraire à la vérité (pour les pièces de la période contemporaine) que celle de Dumas fils, dans la préface aux *Annales* de 1887 : « La comémédie est la peinture des mœurs, et le drame celle des passions : la comédie, c'est la société ; le drame, c'est l'humanité. »

La seule conclusion possible, il me semble, c'est que les mots *pièce* et *comédie* sont employés par les dramaturges contemporains dans un sens purement arbitraire. Donc, le mot *pièce* étant en soi un mot arbitraire et vague, qui ne peut faire rien supposer à personne, il vaut mieux l'employer que l'autre, qui dans le temps passé signifiait quelque chose d'assez précis, et qui, par la tradition qui le soutient, peut donner d'avance une idée fausse de ce que va être l'œuvre qui le porte.

Une autre tradition, dont les romantiques eux-mêmes ne s'étaient pas affranchis, a été complètement abandonnée par nos auteurs contemporains : c'est celle des cinq actes. De nos cent cinquante-deux pièces, quatorze seulement contiennent cinq actes, et ces quatorze ne représentent que onze auteurs (1). Nous trouvons cinq pièces d'un acte, quatre de deux, soixante-seize de trois, et cinquante-trois de quatre. Même au temps du plus strict classicisme, il était loisible de faire des pièces en trois actes, pourvu que ce fussent des comédies, mais aujourd'hui il va sans dire que le genre de pièce n'a rien à faire avec la somme des actes. C'est plutôt une affaire de goût pour chaque auteur : Bernstein et Brieux, par exemple, préfèrent généralement trois actes, tandis que Bataille se meut plus à l'aise dans un cadre de quatre actes.

La question des actes se rattache à celles des tableaux et des scènes. Ces termes ont-ils une vraie signification aujourd'hui, ou ne sont-ils que des restes conventionnels

____

(1) Deux par Capus, trois par Ancey, les autres par des auteurs divers.

d'un système suranné ? En général, pour ce qui est des actes, on peut dire que nos pièces les justifient. La fin d'un acte indique toujours, ou presque toujours, une pause dans la progression de la pièce, et le laps d'un certain temps jusqu'à l'acte suivant. Mais cet état de choses est en partie vicié par la présence, dans quelques pièces, de tableaux, et par la façon dont ils sont arrangés. Cette question du rapport des actes et des tableaux dans une pièce est si admirablement discutée par Becq de Fouquières, au chapitre XXX de son livre *L'art de la mise en scène*, qu'il ne reste rien à y ajouter. Citons :

« Sur nos affiches, nous voyons à chaque instant annoncé un drame en cinq actes et douze tableaux. Je dis *douze* pour prendre un exemple quelconque. Or, en général, il est facile de constater que si les spectateurs savent à tout instant à quel tableau en est la pièce, ils perdent rapidement la notion des actes et sont dans l'impossibilité de dire à quel acte appartient tel ou tel tableau. Cela tient à ce que les tableaux sont presque toujours séparés les uns des autres par des entr'actes, absolument comme s'ils étaient des actes. Il n'y a que demi-mal quand il s'agit de pièces modernes, où le mot *acte* et le mot *tableau* sont si fréquemment confondus, et où l'expression de *cinq actes* n'est qu'une phraséologie de convention. Dans ce cas, il faudrait mieux indiquer simplement le nombre des tableaux, comme dans *Nana Sahib*, qui était dénommé par son auteur *drame en sept tableaux*. Mais, alors, pourquoi pas *drame en sept actes* ? C'est un hommage tacite rendu à l'antique division dramatique. Ainsi nous constatons une confusion constante entre les actes et les tableaux et il est manifeste que parfois on emploie le mot *tableau* uniquement parce que la durée paraît un peu petite pour un acte, ce qui est une très mauvaise raison, un acte n'ayant pas en soi de durée déterminée (1).

----

(1) Quelques pièces en un acte, comme *Veuve* ou *Madeleine* de Becque, sont plus courtes que la plupart des *tableaux* dans des pièces de plusieurs actes.

Un acte est une division dramatique qui doit avoir un commencement et une fin, dont toutes les parties sont indissolubles, et dont par conséquent la représentation ne doit pas offrir de solution de continuité pour les yeux, puisqu'elle n'en offre pas pour l'esprit. Dans un entr'acte, si court qu'il soit, un poète peut faire tenir un temps quelconque si grand qu'il soit ; dans un temps réel infiniment petit nous pouvons faire tenir un temps imaginaire infiniment grand. On en a une preuve dans ce fait que dans une seconde de sommeil le rêve fait entrer une suite considérable d'événements (1). »

Becq de Fouquières poursuit son argument en démontrant que la tombée du rideau, même momentanée, amène une pause dans l'action et fait supposer un laps de temps ; c'est la conséquence réciproque de ce qu'il vient de nous dire plus haut. « Il y a dans cette chute du rideau, dans cette disparition absolue du spectacle, un signe manifeste de l'interruption de l'action dramatique. Une partie de cette action est dès lors accomplie, et l'esprit du spectateur est prêt à franchir l'espace de temps que voudra le poète, mais non à accepter, quand le rideau se relèvera, une contiguïté entre les deux tableaux, et une continuité, après interruption, du moment précédent de l'action. » Tout ce raisonnement amène la conclusion nécessaire qu'il ne doit jamais y avoir entr'acte sans un intervalle de temps dans l'action de la pièce, qu'il y ait ou non changement de lieu, et aussi, comme conséquence de cette conclusion, que deux divisions de l'action ainsi séparées ne sont en réalité jamais deux tableaux mais bien deux actes (2).

---

(1) Cette partie de l'argument de Becq de Fouquières est universellement reconnue dans la pratique théâtrale d'aujourd'hui. Elle est absolument solide, et suffirait sans rien de plus à prouver la futilité de tous les arguments pour la nécessité de l'unité de temps.

(2) Que faire alors, quand il faut un changement de décor sans intervalle de temps ? Becq de Fouquières dit que dans de tels cas il faut renoncer à l'emploi de décors dont le changement exige du temps. C'est une chose possible, puisqu'elle existe déjà. On représente les pièces de Shakespeare, où les changements de lieu sont si fréquents, avec des décors très simples sans nuire à l'effet, et même des décors imposants et compliqués

De deux choses l'une : ou ce raisonnement est juste, ou les mots *acte* et *tableau* ne signifient rien de précis, ce qui revient à dire, comme l'a fait remarquer Becq de Fouquières, qu'ils sont « une phraséologie de convention ». Le théâtre contemporain, qui prétendait se débarrasser de conventions inutiles, aurait bien pu se passer de celle-là. Il ne l'a pas fait. *La bourse ou la vie*, de Capus, est dénommée une pièce en quatre actes et cinq tableaux ; en réalité c'est une pièce en cinq actes. L'auteur laisse tomber le rideau, et le fait lever ensuite pour montrer les mêmes personnages dans le même endroit, mais avec cette différence que nombre de jours se sont écoulés entre les deux scènes. *Paraître* et *L'escalade*, de Donnay, sont aussi des pièces en cinq actes, quoique l'auteur ne leur en ait attribué que quatre. Dans *Paraître*, il y a dans le quatrième acte une division entraînant une pause d'une demi-heure (voir les indications dans le texte pour la mise en scène), sans changement de lieu ; dans *L'escalade*, la division vient au troisième acte et il y a changement de lieu et un intervalle d'au moins deux heures, car Soindres nous dit (p. 120) : « Voilà deux heures que je me promène dans le parc, sous l'orage. » *Michel Pauper*, de Becque, est en réalité une pièce en six actes, et non en cinq actes et sept tableaux comme dit l'auteur : entre la première paire de tableaux, il n'y a aucun intervalle de temps, mais dans la dernière paire, un intervalle est nécessaire. Le dernier acte n'occuperait alors qu'une page de texte, mais ceci n'est pas une objection, puisqu'un acte n'a pas « en soi de durée déterminée ». La même logique fait des *Ventres dorés*, de Fabre, une pièce en six actes, au lieu de cinq actes et six tableaux suivant l'auteur. Je crois que dans des cas de ce genre la tradition, qui veut qu'une pièce ne dépasse pas cinq actes, s'ajoute à la répugnance (sinon

peuvent être transformés instantanément : témoin, au Metropolitan Opera House à New-York, le changement entre la première et la deuxième scène de *Tannhäuser*, ou les trois exemples dans *L'or du Rhin*. Au Châtelet, à Paris, je crois que des choses pareilles ont été faites.

la peur) que ressentent les auteurs à faire un *acte* très court, pour multiplier illogiquement les *tableaux*.

Si les mots *acte* et *tableau* sont des conventions, que dirons-nous du mot *scène* ? Au temps des grands classiques, nous savions ce que ce mot voulait dire : chaque fois qu'un personnage entrait ou sortait, il y avait une nouvelle scène (1). Aujourd'hui, ce principe a disparu, et aucun autre n'est venu le remplacer ; donc, il n'y a rien de plus conventionnel que la division d'une pièce en scènes. Pourquoi les dramaturges français ne reconnaissent-ils pas ce fait, en renonçant à cet apparat artificiel et complètement inutile des *scènes* ? Il y a longtemps que les auteurs anglais y ont renoncé. A quoi bon les *scènes*, si ce n'est pour rendre un peu plus facile de renvoyer à un passage du texte ? Il est certain que les spectateurs n'ont aucune notion des scènes en voyant jouer la pièce. Jean Jullien, dans *La poigne*, écrivit tous ses actes sans les diviser en scènes, et le premier acte de *La femme nue*, de Bataille, bien que renfermant de nombreuses entrées et sorties, n'a pas de scènes, mais (on se demande pourquoi) l'auteur les a insérées dans les actes qui suivent.

En général, les dramaturges contemporains répartissent leurs scènes absolument sans méthode, et quand nous les considérons tous ensemble, c'est le chaos parfait. Il est vrai qu'un changement de scène est aujourd'hui, comme autrefois, indiqué par une entrée ou une sortie, mais il n'est pas du tout vrai, réciproquement, qu'une entrée ou une sortie implique un changement de scène. La seule loi ici est le caprice de l'auteur. Dans *Paraître*, de Donnay, il y a des entrées sans changement de scène (acte IV, p. 195), et aussi des sorties (acte I, scène VII, et acte IV, scène V). Dans les pièces de Bataille, *L'enchantement* (p. 14), *L'enfant de l'amour* (pp. 8, 41), *Les flambeaux* (pp. 19, 25, 31, 36), il y a des

---

(1) Cependant, même chez Racine cette règle subit quelques petites exceptions. Nous trouvons des exemples (comme dans *Phèdre*) où un personnage sort, et un autre reste pour prononcer un monologue de deux vers, sans qu'il y ait pour cela une nouvelle scène.

exemples semblables. Dans *L'émigré*, de Bourget, on trouve au commencement de l'acte I, scène III, l'indication des personnages « Landri, Mme Ollier », mais Mme Ollier s'en va, et d'autres personnages entrent de temps en temps, sans qu'il y ait changement de scène. Regardez dans les pièces de Brieux, Wolff, Fabre et leurs collègues : même constatation. Je ne donne que quelques exemples ; le lecteur pourra facilement en ajouter d'autres, s'il en a le désir.

Parfois, un auteur tente un compromis, par l'expédient suivant : il met à la tête de sa scène l'indication « A, B, puis C », ce qui le dispense d'un changement de scène pour l'entrée de C. Ce procédé est assez fréquent : pour des exemples, je renvoie à *Rosine*, de Capus, *Les trois filles de Monsieur Dupont*, de Brieux, *Le partage*, de Guinon, *Pierre et Thérèse*, de Prévost, et *Les affaires sont les affaires*, de Mirbeau. C'est un procédé parfaitement inutile. Il ne supprime pas les scènes, car on ne l'emploie pas pour indiquer un grand nombre d'entrées, et il n'est pas applicable aux sorties ; l'emploi en est gouverné, comme celui des scènes elles-mêmes, par le simple caprice de l'auteur, et puis quoi ? s'il s'agit de supprimer les scènes, qu'on les supprime tout simplement, sans essayer de rien mettre à leur place !

Un seul auteur, Hervieu, suit de près la règle classique. Dans *Les tenailles*, *La loi de l'homme*, et *Le dédale*, elle est rigoureusement observée, quoiqu'il en résulte des scènes si courtes qu'elles ne contiennent qu'une ou deux lignes de texte, ou même (comme dans *Les tenailles*, I-VII) pas un seul mot parlé. Ceci s'applique également aux *Mauvais bergers*, de Mirbeau, et au *Député Leveau*, de Lemaître, mais ces auteurs n'observent pas la règle avec une exactitude pareille dans leurs autres pièces, et Hervieu lui-même a des exceptions. Ces exceptions, chez lui, s'appliquent généralement aux entrées et aux sorties de domestiques, comme dans *La course du flambeau*, I-XV, mais il y a autant d'occasion ici pour un changement de scène que dans la même pièce, I-XII, où on en trouve un en effet. Dans ce dernier cas. Sabine Revel et

Maravon sont seuls devant le public, avant comme après le changement, qui est amené simplement par le fait que (ce sont les paroles de l'auteur) : « Mme Ponthionne et Léonie ne font que traverser la scène », sans rien dire, d'ailleurs, excepté « A bientôt » à quelqu'un d'inconnu dans la coulisse. Il n'y a pas de règle spéciale appliquée aux entrées et aux sorties de domestiques. Dans *Le foyer*, de Mirbeau et Natanson, il y a changement de scène (p. 8) à cause de la sortie d'un laquais, mais dans l'acte suivant, il n'y en a pas quand une bonne, Julie, entre, parle, et puis sort. On trouve des inconséquences pareilles dans *Révoltée*, de Lemaître (II-III, III-IV, III-V), *Le joug*, de Guinon et Marni (I-I, I-IX, II-IV), et beaucoup d'autres. Dans une pièce où les scènes, en général, ne correspondent pas aux entrées et aux sorties, on est d'autant plus surpris de rencontrer, parfois, une scène où il n'y a qu'une seule personne et peu ou pas de paroles (comme dans *L'armature*, de Brieux, II-VIII, ou *La cruche*, de Wolff et Courteline, II-IV). Dans *Le secret*, de Bernstein, I-VIII, nous trouvons en tête de la scène l'indication « Henriette, Denis. A un moment, Constant », mais dans la même pièce, I-II, Henriette entre sans avis préalable et reste pendant la durée suivante de la scène, qui est terminée par la sortie d'un personnage de moindre importance. Dans *Les ventres dorés*, comme dans *La femme nue*, le premier acte n'est pas divisé en scènes, tandis que les autres le sont, mais dans *Les ventres dorés*, les scènes ne sont pas numérotées. Dans *L'affranchie*, de Donnay, au premier acte, Listel, un personnage secondaire, revient chercher un étui, dit cinq lignes sans importance, et sort de nouveau ; il n'y a pas de changement de scène, et on ne sait pas le motif de cet intermède. Dans *Amants*, du même auteur, la « tournée des grands-ducs » sert à faire sortir des personnages et à les remplacer par d'autres : pas de changement de scène. Au même acte, une situation analogue se produit, mais moins saillante : changement de scène ! Dans les deux cas, les mêmes personnes sont en présence du public. De tout ceci, il s'ensuit qu'à la question : « Qu'est-ce qu'une scène ? »

CLIFFORD BISSELL.   4

une seule réponse est possible : « Elle est ce que chaque auteur veut qu'elle soit, ni plus, ni moins (1). »

Il y a encore des « ficelles » dans le théâtre contemporain. La conversation entendue par hasard par une tierce personne joue un rôle important dans *Les fossiles*, de Curel, *Le ruisseau*, de Wolff, et surtout dans *L'autre danger*, de Donnay. Cette dernière pièce fait usage aussi d'un journal intime dont la découverte fournit les renseignements tant voulus par certains personnages. Dans *Le pardon*, de Lemaître, et *L'enfant chérie*, de Coolus, nous retrouvons le même truc d'un voile de femme laissé par mégarde dans une chambre où la femme avait tout intérêt à cacher ses visites, mais où l'auteur, en revanche, avait tout intérêt à les faire révéler. Dans *Connais-toi*, d'Hervieu, un gant est l'instrument choisi ; dans *Blanchette*, de Brieux, c'est un peigne ; dans *Le phalène*, de Bataille, ce sont des cigarettes à demi-fumées et portant les initiales du prince de Thyeste.

Certes, des choses de ce genre se passent dans la vie réelle, mais on en a tellement abusé au théâtre qu'elles nous apparaissent un peu trop comme des trucs du métier. Il y a un

---

(1) Comment expliquer l'habitude curieuse qu'ont plusieurs de nos auteurs de mettre à la fin d'un acte, hors du texte parlé, une phrase commençant par *et* ? Quelquefois cette phrase n'est pas à la fin d'un acte, mais simplement après la sortie d'un personnage. Donnay insère des phrases : « Et quand il est parti » ou « Et quand elle est partie »... après quoi, la conversation de la scène recommence. Il termine *Amants*, non par les mots « fin » ou « rideau », mais par la phrase : « Et c'est ainsi que finit le cinquième acte ». Le même procédé s'emploie à la fin d'actes autres que le dernier. Ce type de phrase, qui est quelquefois variée avec « et puis » ou « et alors », se retrouve beaucoup chez Bataille, comme chez Donnay, et isolément chez d'autres auteurs. Wolff termine *Le secret de Polichinelle* avec les mots « Et Jean sert le potage ». A la fin du *Dédale*, d'Hervieu, nous lisons : « Au long de la crête, sous laquelle sont étendus le vague silence et l'obscure paix de la mort, la mère achemine l'enfant vers le toit familial, où, à son tour, il va mûrir pour le destin. » Le spectateur, qui voit bien la mère conduire l'enfant à la maison, n'en sait pas plus long que si l'auteur avait omis la phrase. C'est peut-être à l'influence du roman qu'il faut attribuer ces petits caprices. Un assez grand nombre de nos dramaturges sont aussi des auteurs de romans, et pensent peut-être aux lecteurs plutôt qu'aux spectateurs de leurs pièces.

autre procédé qui nous semble relever encore davantage du métier, parce que c'est une chose qui ne se rencontrerait que très rarement dans la vie réelle : je parle des petits trucs qu'emploient les auteurs pour « préparer » une situation. Il faut une certaine préparation, autant pour les caractères que pour les points importants de l'action ; je dirai même qu'il est utile de la faire assez frappante pour qu'elle attire sûrement l'attention des spectateurs ; mais si elle laisse immédiatement savoir à ceux-ci comment la pièce va se dérouler, elle dépasse son but et paraît d'autant plus artificielle. Dans *Les corbeaux*, de Becque, la discussion au premier acte sur la manière dont Vigneron se surmène et néglige sa santé est nécessaire pour nous préparer à recevoir le coup de sa mort, mais il y a moins besoin d'entendre Mme Vigneron morigéner sa fille à cause de sa trop grande intimité avec son fiancé ; c'est assez pour nous avertir qu'il y aura séduction et abandon. Une situation pareille, dans *Maternité*, de Brieux, est préparée par les remarques de Lucie sur les visites de sa sœur chez une amie, Gabrielle, qui a un frère dont Lucie se défie. Dans *Le dédale*, d'Hervieu, un paysan survient tout exprès au dernier acte pour parler du terrible torrent, où le résultat d'une chute serait la mort inévitable ; nous savons dès lors qu'ou Max, ou Guillaume, y sera jeté sûrement... en fait, tous les deux y tombent. La mort de Valentine dans *Le torrent*, de Donnay, est plus habilement préparée. Dans *La robe rouge*, de Brieux, l'auteur fait remarquer un curieux couteau sur le bureau de Mouzon, et nous savons que quelqu'un sera poignardé plus tard, mais nous sommes encore au début de la pièce, et nous ne pouvons pas deviner qui sera la victime. Mais il ne reste rien à deviner dans *Vers l'amour*, de Gandillot, lorsque Jacques, errant tristement au bois de Boulogne au milieu des scènes de son amour perdu, rencontre une ancienne connaissance, un employé du service des parcs, qui lui dit : « Faut pas trop regarder l'eau... ça donne de mauvaises idées. » Dès lors, rien n'est plus certain que la disparition prochaine et finale de notre pauvre héros dans le lac.

Un petit truc du métier très amusant se rencontre dans *La Française*, de Brieux, mais il se fait remarquer plutôt en lisant la pièce qu'en la voyant. Gontier se fâche parce que Bartlett, un Américain, vient de dire que la France marche vers la décadence et qu'elle sera bientôt au niveau de la république de Saint-Marin. Bartlett, un peu ahuri, répond qu'il n'a fait que reproduire les paroles de Gontier lui-même. A quoi celui-ci réplique : « Je veux bien les dire, mais je ne veux pas qu'un étranger les répète. » Le texte porte après cette phrase l'indication : *Un temps.* Faut-il être perspicace pour deviner pourquoi ? Pour laisser applaudir les spectateurs, rien de moins !

Qu'est-ce que le théâtre contemporain a fait de ces conventions pures, le monologue, l'aparté, et la « conversation non entendue (1) » ? A en croire Ashley Dukes, il les aurait abolis. Cet auteur déclare : « Le naturalisme était le dernier cri, et un rude vent du nord balaya le monologue et l'aparté dans la corbeille à papier du dramaturge (2). » Quelques lignes plus bas, il dit : « Sauf la suppression des monologues et des apartés, aucun des auteurs du Théâtre-Libre n'alla plus loin que Henri *(sic)* Becque. » Or, le monologue et l'aparté ne furent nullement abolis, ni par les auteurs du Théâtre-Libre, ni par leurs contemporains ou leurs successeurs immédiats en France. Puisque Dukes admet leur présence dans le théâtre de Becque, nous dirons seulement de lui que ses pièces sont remplies de monologues, d'apartés, de « conversations non entendues », et de lettres lues à haute voix, tantôt par celui qui les écrit, tantôt par celui qui les reçoit. Passons à des dramaturges qui sont vraiment du Théâtre-Libre. Voici quelques faits :

Ancey. Plusieurs monologues et apartés dans *L'école des veufs*, y compris un monologue qui fait exposition, c'est-à-dire le pire et le plus conventionnel de tous (p. 73).

---

(1) Pour l'explication de ce terme, voir p. 34, *supra.*
(2) *Modern Dramatists*, p. 212.

Un aparté et plusieurs monologues de longueur diverse dans *La dupe*.

Brieux. Quelques apartés et une assez mauvaise « conversation non entendue » (Charles et Bartlett, vers la fin du premier acte) dans *La Française*. Deux monologues, dont l'un donne des explications (p. 92), dans *Blanchette*, et dans la même pièce (p. 68), une « conversation non entendue » de deux lignes. Dans *Les avariés*, un exemple d'une mauvaise « conversation non entendue » (II-IV), dans laquelle Georges et sa mère discutent s'ils peuvent faire rester la nourrice en augmentant ses gages et en lui cachant l'infection syphilitique du bébé, le tout en présence de la nourrice. Deux « conversations non entendues » dans *Les trois filles de Monsieur Dupont* (pp. 47, 56). Un long monologue dans *L'armature*. Plusieurs apartés dans *La couvée* (p. 16 *et seq.*). Trois monologues et deux « conversations non entendues » dans *L'engrenage*. Trois monologues, un aparté, et une « conversation non entendue » dans *Les remplaçantes*. Un monologue, un aparté, et une « conversation non entendue » dans *La robe rouge*.

De Curel. Deux courts monologues, un aparté, et une « conversation non entendue » occupant une page entière (II-IV) dans *L'invitée*. Un monologue d'une ligne dans *La figurante*. Un bref aparté dans *Les fossiles*, et pareillement dans *L'envers d'une sainte*. Deux « conversations non entendues » dans *La nouvelle idole* (I-IV, II-II). Plusieurs monologues dans *La danse devant le miroir*.

Guinon. Deux monologues dans *Le partage*. Un monologue (p. 3) et des « conversations non entendues » (p. 48) dans *Le joug*. Une lettre lue à haute voix pour les spectateurs par la personne qui l'écrit (p. 35) dans *Décadence*.

Jullien. Trois apartés et un long monologue (III-VII) dans *La sérénade*. Deux apartés et quatre monologues dans *Le maître* : un des monologues occupe toute la scène XIV, acte II, et exprime un point essentiel dans la pièce ; un autre, qui occupe toute la scène XVI du même acte, est presque un monologue d'exposition.

Lavedan. Un monologue, six apartés, et une « conversation non entendue » dans *Le prince d'Aurec*. Un court monologue dans *Le duel*. Deux courts monologues, une lettre lue à haute voix pour le public, et deux « conversations non entendues » dans *Servir*.

Porto-Riche. Plusieurs apartés très conventionnels et une lettre lue à haute voix pour les spectateurs dans *La chance de Françoise*. Deux courts monologues, trois apartés, et une « conversation non entendue » dans *Le passé*. Deux monologues, deux apartés, et deux « conversations non entendues » dans *Amoureuse*. Deux courts monologues, un aparté et plusieurs « conversations non entendues » dans *Le vieil homme*.

Wolff. Plusieurs exemples de mauvaises « conversations non entendues » dans *Les marionnettes*, surtout par l'oncle et à la fin de la pièce. Deux longs monologues, dont le premier est en grande partie un monologue d'exposition (p. 94), dans *Le secret de Polichinelle* ; aussi, de fréquents apartés et « conversations non entendues », dont on trouve également des exemples dans *L'amour défendu*. Deux apartés dans *Le ruisseau*. Fréquents apartés et phrases censées être dites à voix basse dans *La cruche*.

Examinons encore Lemaître, non pas comme auteur du Théâtre-Libre, puisqu'il ne l'est pas, mais comme dramaturge qui est en même temps un critique important. Nous trouvons quantité d'apartés, dont plusieurs sont tout ce qu'il y a de plus artificiel, dans *Mariage blanc*. La pire situation est celle où Mme Aubert et Marthe, qui soignent Simone malade, ignorent ce que celle-ci dit à part, au point de ne s'apercevoir de rien même quand « elle éclate en sanglots ». Dans *L'âge difficile*, il y a quatre apartés, dont trois facilement évitables et l'autre (p. 90), en plus un aparté explicatif. Trois longs monologues dans *Révoltée*. Le premier (I-X) donne des renseignements importants aux spectateurs ; le second est un monologue d'exposition (III-I) ; le troisième (III-VI) se trouve ensemble avec une lettre qu'on lit à haute voix pendant qu'on l'écrit. Il y a aussi un

aparté. Dans *Le député Leveau*, il y a d'assez nombreux
apartés, dont un surtout est mauvais (p. 136), une lettre
lue à haute voix (II-IV), deux « conversations non entendues », la première de huit lignes (p. 159), et la deuxième
entre trois personnes, dont deux, à tour de rôle, n'entendent
pas la conservation des deux autres (p. 177). Le pire exemple
de cette pièce est celui où Deslignières, voulant avertir
Leveau des combinaisons de la marquise et son mari et le
trouvant avec eux, lui demande « cinq minutes d'audience »,
et les obtient — pendant six pages, dans la même salle en
présence des gens contre qui il le met en garde !

Ce serait un procédé fastidieux et inutile que d'énumérer
tous les autres exemples, dans notre liste de pièces, des
conventions dont nous parlons. Nous en avons vu assez
pour nous convaincre que le critique Ashley Dukes a tort
de les proclamer abolies. Certes, les pièces contemporaines
sont loin des extravagances que nous avons remarquées
dans *Le monde où l'on s'ennuie*, et depuis cette période-là
il y a eu des progrès sensibles, mais d'autre part, le monologue, l'aparté, et la « conversation non entendue » ne sont
pas encore « dans la corbeille à papier du dramaturge ».
Ils abondent chez Bataille et Bernstein, et encore davantage
chez Capus ; ils sont rares chez Hervieu, et plus rares chez
Donnay et Fabre. Ils se rencontrent plus souvent, comme
on s'y attendrait, dans le type de pièce caractéristique de
Caillavet et de Flers, Feydeau et Gavault. Quelquefois nous
trouvons que tel ou tel auteur a employé un expédient habile
ou curieux pour les faire paraître plus naturels. Ainsi, dans
Suzette, Brieux fait lire à haute voix par la petite fille les
premiers mots (« Ma mère chérie ») de la lettre qu'elle écrit,
mais alors Monique s'en saisit, et elle nous la lit effectivement tandis qu'elle a l'air d'en faire la critique à Suzette.
Dans *Poliche* (p. 14), de Bataille, le héros évite un monologue, *de jure* sinon *de facto*, en prenant son chien pour
confident de ses malheurs. Dans *Hélène Ardouin* (p. 7), Capus
nous fait connaître le contenu d'une lettre très importante
sans la laisser lire, et dans la même pièce (p. 26), il fait lire

une lettre d'une manière assez vraisemblable. En tout,
sur nos cent cinquante-deux pièces. vingt-six seulement ne
contiennent ni monologue ni aparté. Proportion trop faible,
en vérité, pour nous autoriser à dire que ces conventions
furent abolies par l'école du Théâtre-Libre ! (1)

Nous voyons que la tradition, c'est-à-dire ici la convention,
est encore forte quand il s'agit de choses telles que les genres
(et surtout le mot *comédie*), les actes et les scènes, etc. ;
la tradition est surannée, mais les dramaturges ne s'en
sont pas encore affranchis. D'ailleurs, ces conventions-là
ne sautent pas aux yeux à la représentation. Celles qui sont
évidentes pour tous les spectateurs, comme le monologue et
l'aparté, existent toujours, mais dans une proportion sensiblement moindre qu'autrefois, et après Becque, on voit çà
et là que les auteurs font de véritables efforts pour les éviter,
ou pour les modifier autant qu'ils le peuvent dans l'intérêt
de la réalité.

Il reste une espèce de convention qui est un peu en dehors
de toutes celles que nous avons discutées dans ce chapitre,
mais qui tient de la convention extérieure plutôt que de la
convention intérieure. En général, nous devons penser à une
œuvre dramatique non comme à quelque chose destinée à
être lue dans la solitude, mais comme à quelque chose destinée à être vue, et cela devant un public nombreux. Mais
on peut bien supposer, puisque c'est un fait connu, que ce
public sera pourvu de programmes, dans lesquels il lira
non seulement les noms des personnages, mais le lieu et la
période de l'action. Pourquoi pas se servir des programmes
pour identifier complètement les personnages et faire con-

---

(1) Ces vingt-six pièces sont : *La femme nue*, de Bataille ; *La rafale* et
Le secret, de Bernstein ; *Les hannetons* et *Suzette*, de Brieux ; *Boubouroche*,
de Courteline ; *L'affranchie, Amants, Les éclaireus s, L'escalade, Georgette
Lemeunier, Paraître, Le retour de Jérusalem, Le torrent, La vrille*, de Donnay;
*L'argent, Le bien d'autrui, Un grand bourgeois, La maison d'argile, La vie
publique, Les ventres dorés*, de Fabre ; *Connais-toi, La loi de l'homme*,
d'Hervieu ; *La mer*, de Jullien ; *Les affaires sont les affaires, Les mauvais
bergers*, de Mirbeau.

naître leurs relations réciproques ? La plupart de nos pièces
se bornent à donner les noms et les âges de leurs personnages ;
souvent elles ne donnent que les noms. On dirait que les
auteurs trouvent plus naturel de laisser apprendre ces choses
par le dialogue, et de faire expliquer par les personnages
eux-mêmes, sans qu'ils en aient l'air, qui ils sont, ce qu'ils
sont, et combien de temps s'est écoulé entre certaines parties
de l'action. Mais rien n'est plus difficile que de dire ces choses
d'un air tout naturel. Pour le temps, passe encore, mais pour
les personnes, c'est un autre cas. Dans *L'énigme*, d'Hervieu,
Giselle donne à des gens qui sont en visite chez elle depuis
plusieurs jours tout le plan de son logis, plan qu'ils connaissent déjà parfaitement, mais que le public a besoin de
savoir. Peu après, le mari et le beau-frère de Giselle arrivent ;
chacun dit à son épouse : « Oui, ma femme », et au vieux
marquis : « Oui, mon cousin. » C'est la seule fois dans la pièce
qu'ils se servent de cette manière de parler ; ce n'est plus
nécessaire, le public étant renseigné. Dans *Blanchette*, de
Brieux, Mme Rousset et Mme Jules se racontent (p. 3)
beaucoup de choses que chacune d'elles sait depuis longtemps ;
nous retrouvons la même sorte de conversation entre Mme
Herbelin et Hermance Lureau dans *La petite fonctionnaire*
de Capus (acte I). Et dans ce même acte, Lebardin raconte
à Pagenel l'histoire de Louisette, histoire que Pagenel
connaît depuis vingt ans, et que Lebardin dit ne pas aimer
se faire rappeler. Dans *La course du flambeau*, d'Hervieu
(I-I), Maravon dit à Mme Fontenais : « La grand'mère que
vous êtes, madame Revel, votre fille, et votre petite-fille,
mademoiselle Marie-Jeanne. » S'il n'était pas au théâtre,
Maravon dirait peut-être à Mme Fontenais « La grand'mère
que vous êtes », mais il ne prendrait pas la peine de lui dire
que Mme Revel est sa fille et que Mlle Marie-Jeanne est sa
petite-fille. Dans *Le retour de Jérusalem*, de Donnay, Michel
dit (p. 202) : « Quand notre sœur aînée a pris le voile », tandis
que dans la vie réelle il aurait simplement nommé cette
sœur par son nom. Dans *Son père*, de Guinon et Bouchinet,
Mme Orsier parle ainsi à sa fille de leur meilleur ami, Edouard :

« Le voilà maintenant l'un des principaux employés de la maison Larrand Joron, l'une des plus grandes maisons de caoutchouc de Paris. » C'est bien du théâtre, et ce n'est pas très subtil. Dans la plupart des cas de ce genre, on pourrait donner les renseignements nécessaires dans le programme.

D'autre part, on peut aller à un extrême de définition qui devient ridicule. Bernstein l'a fait dans *Samson* et *Le détour*. Voici un exemple de ce que nous trouvons, dans *Le détour*, sous la rubrique *Personnages* :

LE MEILLAN, 52 ans. Il se donne pour un fêtard de la grande époque, mais ce n'est qu'un vieux noceur, tout le monde le sait bien. Il a un joli visage, mais que l'on a tant vu, trop vu ! Chacun lui parle, mais personne ne le reçoit. Il fait partie de tous les tirs aux pigeons, de toutes les commissions de fête, mais il n'est d'aucun club. Il a eu deux ou trois histoires désagréables, mais il n'est pas taré. On dit qu'il a du chic, mais ce n'est pas vrai ; il n'est que très, très soigné. Il tire de grands coups de chapeau aux vieilles grues. En somme, on l'a toujours connu : c'est sa force. » Tout cela pour un personnage qui paraît dans trois scènes successives au premier acte et dont on n'entend plus parler après, et qui, du reste, n'exerce aucune influence sur la marche des événements ! A côté de ces deux pièces de Bernstein, *La maison d'argile*, de Fabre, *Les affaires sont les affaires*, de Mirbeau, *Le joug*, de Guinon et Marni, et *Le secret de Polichinelle*, de Wolff, sont à peu près les seules qui nous donnent des renseignements suffisants sous la rubrique *Personnages* (1).

---

(1) Sur les noms de personnages dans nos pièces, il y a des observations curieuses à faire. Dans *La navette*, Becque s'amusa à faire commencer tous les noms par la lettre A : Antonia, Alfred, Arthur, Armand, Adèle. Pour lui, « Adèle » est le nom de convention pour une femme de chambre ; nous le trouvons ainsi non seulement dans *La navette*, mais encore dans *L'enlèvement, Michel Pauper*, et *L'enfant prodigue*. D'autres auteurs répètent certains noms, des noms peu fréquents d'ailleurs, en les appliquant à différents personnages dans différentes pièces. Par exemple, Donnay a mis une Mlle Egreth dans *Paraître* et une Mme Egreth dans *L'affranchie* ; un Prunier dans *Amants* et un autre dans *Paraître* ; un Ernstein dans *L'autre danger* et un autre dans *Paraître* ; un Vowenberg dans *Le retour de Jérusalem* et

un autre dans *Paraître* ; un Bladru dans *Paraître*, qui est probablement le
même personnage que le Bladru de *La douloureuse*. Dans *Le retour de Jérusalem*, le nom de jeune fille de Judith était Fuchsyani ; dans *Les éclaireuses*
nous entendons parler d'une Pauline Fuchsiani (les deux orthographes
sont textuelles) ; dans *Les éclaireuses* on fait aussi allusion à Mme Soindres,
veuve d'un savant qu'on peut bien supposer avoir été le Guillaume Soindres
de *L'escalade*. Dans *Le retour de Jérusalem* il est fait mention d'une Mme Su-
reau et d'un Chérange ; ces noms avaient été attribués à des personnages,
l'un dans *La douloureuse*, l'autre dans *L'affranchie*. Dans plusieurs de ces
cas, il est clair que le même nom ne peut pas être appliqué à la même personne. Bernstein emploie le nom Royère dans *Le détour* et dans *Joujou*, et
le nom Certier dans *Le détour* et dans *Le marché*, sans compter Le Certier
dans *Joujou*, mais les trois personnages sont bien différents. Wolff emploie
Trévoux dans *Le ruisseau* et dans *Le secret de Polichinelle*. Sauf dans le cas
de Trévoux, chaque fois que nous trouvons un nom appartenant à deux
personnes différentes dans deux pièces, ces personnes sont toujours du
même sexe.

Coïncidence curieuse : à la première des *Maris de Léontine*, de Capus, le
rôle de Grimard fut joué par un acteur qui s'appelait Grimard de son vrai
nom.

Capus n'aurait pas dû écrire *Monsieur Piégois* après son *Mariage bourgeois*, où l'un des personnages principaux s'appelle Piégoy. Les deux
hommes, Piégois et Piégoy, sont la même personne et ne la sont pas. Ils la
sont, parce que tous deux sont propriétaires de casino ; parce que tous
deux ont eu les mêmes camarades d'école, Melvin et Brunel ; parce que
tous deux se trouvent dans la même situation vis-à-vis de quelqu'un qui
veut leur emprunter de l'argent, et que tous deux tiennent littéralement le
même langage envers ce quelqu'un (pp. 381-388 dans *Monsieur Piégois*) ;
parce que tous deux expriment la même idée sur une hiérarchie spéciale
parmi les déclassés, et au sujet des imbéciles (p. 325). Mais ils ne la sont
pas, car leurs casinos sont dans des régions différentes de la France ;
l'homme qui veut emprunter de l'argent à Piégoy s'appelle Tasselin, et
celui qui veut en emprunter à Piégois s'appelle Jantel ; Piégois quitte une
maîtresse aimante, ancienne ouvrière, pour épouser une veuve de la haute
bourgeoisie, tandis que Piégoy, qui a eu un enfant de sa maîtresse, ouvrière
et aimante aussi, est fier d'avoir légitimé cet enfant en épousant la mère.
Tous les autres personnages des deux pièces sont différents. Les deux
œuvres ne tiennent pas ensemble, et la seconde ne devrait pas exister,
puisque la première ne peut être abolie.

CHAPITRE III

L'AMOUR, SUJET PRINCIPAL
DU THÉÂTRE BOURGEOIS CONTEMPORAIN

Adolphe Thalasso, dans la préface de son livre *Le Théâtre Libre*, loue sans réserve le théâtre bourgeois contemporain : il va jusqu'à le comparer à celui de la période élizabethaine en Angleterre, et prédit que dans deux cents ans il sera également célèbre... sans nommer, toutefois, le Shakespeare français de nos jours. Au cours de son argument il dit que la valeur des grandes œuvres des deux périodes réside en leurs rapports avec « le Beau et le Vrai ». Regardons le théâtre bourgeois contemporain de près. Est-il beau ? Est-il vrai ?

Je ne sache personne qui ait porté un jugement aussi enthousiaste sur ce théâtre que celui de Thalasso. Par contre, il y a assez de critiques adverses, et leur point d'attaque principal est toujours le même : on ne peut parler de ce théâtre sans parler de l'amour. Prenons d'abord un paragraphe de William Lyon Phelps, professeur de littérature anglaise à Yale : « On a fait trop de cas du théâtre français du xxe siècle (1). Des critiques parlent d'Hervieu, Capus, Donnay, Bataille, Lavedan, et Bernstein comme s'ils étaient non seulement d'habiles faiseurs de pièces, ce qui est vrai, mais comme s'ils étaient des penseurs et des auteurs drama-

(1) Le mot n'est pas tout à fait exact, puisque les auteurs dont il s'agit s'étaient déjà fait connaître avant la fin du xixe siècle.

tiques, ce qui est faux (1). Ils sont tous des hommes de théâtre, mais pas des hommes d'idées. Ils ont préféré étudier le réalisme plutôt que la réalité. Avec une formule vide et creuse, et un motif unique, l'adultère, ils ont donné à la scène française une monotonie attristante — car il n'y a pas de monotonie aussi attristante que celle de l'agitation. Ils suggèrent une activité constante sans vitalité ; on dirait qu'ils souffrent d'un épuisement nerveux (2). »

Mais ce critique est un Américain, et pas même un professeur de littérature française ? N'importe : on trouvera des critiques français qui disent à peu près la même chose. Voici Georges Polti, qui ne ménage pas les mots : « AMOURS... Ça voyons ! que faisons-nous, co-spectateurs, en cette salle, devant une telle prétendue situation ?... Se réunit-on ici pour approfondir la chorestique de l'amour... ? En vérité, c'est à faire tordre ou à énerver, à la façon d'un chatouillement à la plante des pieds : comment ! savants, révolutionnaires, poètes, généraux, prêtres, ne se présentent à nous que pour, immédiatement, se mettre en devoir de faire la bête à deux dos ! Mais c'est du délire ! Et encore veut-on nous faire prendre cette *scie* au sérieux (3) ! »

Jean Jullien s'en plaint aussi. Il dit : « Les mobiles qui influent sur l'être humain sont multiples... au théâtre, le mobile, le but, et le moyen se confondent : l'Amour. Et je n'entends pas désigner ici une psychologie spéciale, une étude de sentiments appliquée uniquement aux facultés affectives ; mais, trop spécialement, le seul temps physiologique de l'amour. Les personnages de théâtre finissent par n'être plus que des désœuvrés ; sortes de satyres, qui promènent leur rut sur les planches, conduits par le désir ou les

____

(1) Thalasso, au contraire, trouve que ces hommes-ci sont les vrais auteurs dramatiques, tandis que Scribe et ses disciples n'étaient que des hommes de théâtre.

(2) Le passage est traduit de *Essays on Modern Dramatists*, p. 29 *et seq.*

(3) *Les trente-six situations dramatiques*, p. 31 *et seq.* Je ne cite ici qu'une petite partie du paragraphe où l'auteur exprime sur ce sujet des sentiments point flatteurs.

déceptions de la possession. Supprimez de la scène, l'amour charnel, supprimez cet autre amour factice, celui de l'argent, il restera bien peu de chose. N'est-ce pas rabaisser par trop l'espèce humaine, qui, telle qu'elle est, ne vaut pas cher, que de la faire ainsi l'esclave d'une passion animale, et d'une seule ? N'est-il pas de sujets dans le monde, dans l'humanité, dans la société, plus dignes d'inspirer nos artistes (1) ? »

Est-ce donc vrai, comme le dit Phelps, que l'unique sujet du théâtre est l'adultère ? Notre liste de pièces nous en fournira un indice. Nous pouvons les diviser en trois catégories. La première, A, comprend les pièces où un adultère, passé, actuel, ou imminent, forme le sujet principal de l'action, ou s'y trouve intimement mêlé. La deuxième, B, comprend celles où les rapports d'amants et maîtresses et les liaisons irrégulières en général, sauf l'adultère, forment le sujet principal de l'action ou s'y trouvent étroitement associés. La troisième, C, comprend celles où des liaisons irrégulières jouent un rôle, mais sans former la matière principale.

La catégorie A comprend 81 pièces sur 152. La catégorie B en comprend 33. Dans la catégorie C il y a 24 pièces. La somme de ces trois catégories nous laisse 14 pièces pour une dernière catégorie, D, dans laquelle les liaisons irrégulières ne sont pour rien. Même dans celle-ci, la chose n'est pas toujours absente : par exemple, dans *Servir*, de Lavedan, Mme Eulin croit que les disparitions fréquentes de son mari, causées en réalité par son état d'espion, sont dues à des infidélités périodiques, et les deux parents, sachant que leur fils a une petite maison à Vincennes, supposent tout naturellement que c'est pour héberger sa maîtresse... ou ses maîtresses.

Que faut-il penser devant ces constatations ? Il semble qu'on soit bien obligé de donner raison à ceux qui accusent le théâtre bourgeois contemporain d'une monotonie de sujet indéniable. Mais Emile Faguet ne veut pas en rester là. Dans

______

(1) *Le théâtre vivant*, pp. 37-38.

sa préface à *L'évolution du théâtre contemporain* de Séché et
Bertaut, il essaie de démontrer qu'il y a des distinctions à
faire. Il commence par citer une lettre qu'il avait reçue d'un
ami, qui affirme « le mari, la femme, et l'amant sont les
trois unités du théâtre contemporain, et cette règle est aussi
inviolable que le fut l'ancienne. » Tout en convenant que
ceci peut être vrai pour les neuf dixièmes des pièces contemporaines, Faguet veut que le théâtre français de nos jours
soit jugé d'après le dixième qui reste. Tout théâtre, dit-il,
a ses pièces faite selon une formule par des gens qui ne
possèdent rien que le métier, mais aussi ses pièces créées
par de vrais artistes, de véritables auteurs dramatiques.
Pour notre époque, il cite parmi ces derniers des noms tels
que Rostand et Richepin, dont les pièces n'entrent pas dans
le cadre de notre discussion, et Lemaître, Lavedan, Courteline, Brieux, Mirbeau, Donnay, et Hervieu. Ce qui nous
frappe tout de suite, c'est que plusieurs de ces messieurs
sont précisément ceux que mentionne Phelps, et qu'ils sont,
selon lui, « d'habiles faiseurs de pièces », et point du tout des
auteurs dramatiques ! Mais laissons de côté la question de
leur valeur comme artistes littéraires ou dramatiques, et
voyons si Faguet a raison en les citant comme exemples
d'auteurs qui ne sont pas asservis à la règle des « trois unités
du théâtre contemporain ».

Pour commencer par Hervieu, nous trouvons sept sur
neuf de ses pièces dans notre catégorie A et une autre dans B.
Cinq sur sept des pièces de Lemaître sont dans A. Parmi les
pièces de Lavedan on trouve des études de débauchés comme
Le marquis de Priola, *Viveurs*, *Le nouveau jeu*, *Le vieux marcheur*. Même Brieux, qui prêche la morale, ne manque pas
de nous donner l'amour un peu partout. Hâtons-nous d'ajouter que chez Brieux il y a généralement autre chose, et que
l'amour, souvent, est un épisode qui sert la thèse de l'auteur,
mais cette thèse serait quelquefois plus convaincante si le
rôle de l'amour était amoindri. Dans *Le berceau*, par exemple,
qui est une plaidoirie contre le divorce quand les époux ont
un enfant, l'élément sexuel a une importance beaucoup

trop forte ; par cela même, autant que par le caractère spécial et désavantageux du second mari, la pièce n'est pas d'application assez générale aux circonstances de la vie. L'amour ne mène pas à des actes tragiques, comme dans *Le dédale* d'Hervieu (pièce qui ressemble au *Berceau* même dans quelques-uns des menus détails), mais il figure à tel point dans la pièce de Brieux qu'un critique parisien déclara qu'on aurait dû donner comme titre à cette dernière, non pas *Le berceau*, mais *Le lit* (1) !

Quant à Lemaître, convenons que c'est un artiste littéraire et un auteur qui croit à la morale. Mais il n'est certainement pas de ceux qui évitent le sujet « mari, femme et amant » (ou «femme, mari, et maîtresse»). *Le pardon* n'est que l'histoire d'un double adultère. Dans *Mariage blanc*, c'est la menace d'un adultère qui am'ne la catastrophe. De *Révoltée*, *Le député Leveau*, et *L'âge difficile*, enlevez les adultères et les pièces n'existent plus.

Mais de tous les noms cités par Faguet dans le dessein de combattre l'idée que le théâtre français s'occupe surtout d'adultères, celui de Donnay nous semble le plus apte à étonner. Comment ! Donnay ne s'intéresse pas à l'adultère et aux liaisons entre amants et maîtresses ? Mais on pourrait appeler la somme de ses pièces, avec presque autant de justesse qu'on appelle celles de Porto-Riche, « Théâtre d'amour »! Lui-même ne se fait pas d'illusion sur ce qui passionne au-dessus de toute chose les auteurs qui écrivent pour la scène. Dans sa préface au *Retour de Jérusalem*, il écrit : « Nous étudions l'adultère, parce que c'est après tout la chose qui nous divise le moins (2), et nous y voyons surtout un grand champ d'expériences et d'analyses psychologiques. »

---

(1) *Recueil Stoullig*, déc. 1898.

(2) M. Donnay a tellement aimé cette phrase (qui n'est pas de lui, mais de Francis Chevassu, et qui a paru dans un article sur le théâtre de Donnay) qu'il l'a répétée dans *France-Etats-Unis*, 1922, p. 228. Comme elle me paraissait pouvoir prêter à équivoque, je lui ai demandé comment il l'entendait. Voici ce qu'il a eu la courtoisie de me répondre : « Il faut voir dans cette phrase non pas une profession de foi, un jugement moral, une opinion

Léon Lemonnier, dans un article sur le théâtre de Donnay
dans *La grande revue* (sept. 1922), dit : « Cette psychologie
à laquelle M. Donnay doit sa science du théâtre, elle s'est
presque uniquement exercée sur un seul sujet. M. Donnay a
l'obsession de l'amour. » Et il nous raconte que Donnay, en
lisant certaines choses ou en contemplant certains spectacles,
n'en tira que de nouvelles façons de traiter le sujet sempi-
ternel. Ainsi : « Il a vu le défilé de la victoire, et il a pensé
que les canons et les trompettes exciteraient à l'amour les
femmes entre deux âges. » Et en citant les paroles de Soindres,
un des personnages de *L'escalade* : « Mais il n'y a donc que
l'amour dans la vie ? » il ajoute : « Non, mais il n'y a que
l'amour dans le théâtre de M. Donnay. »

On n'a qu'à lire presque n'importe quelle pièce de Donnay
pour constater que non seulement les personnages principaux,
mais aussi les personnages secondaires, ne font guère autre
chose que penser, parler, et vivre amour. Il serait le grand-
prêtre du culte de l'amour sur la scène contemporaine, s'il
n'y avait pas Porto-Riche.

Mais nous avons déjà constaté, par la statistique, que
l'amour est le sujet principal de tous les autres dramaturges dont nous avons à parler : l'amour, sinon l'adultère.
Qu'est-ce donc que cet amour ? Nous savons que, dans le
théâtre de langue anglaise, il existe aussi une convention
d'amour, et qu'il y a peu de pièces qui ne contiennent pas
un couple d'amoureux. Mais cette convention est généralement une histoire qui finit par le mariage, c'est-à-dire d'une
chose qui survient dans la vie de la plupart des hommes et
des femmes, et qui, au théâtre, devient conventionnelle

---

qui engage tous les Français, mais une observation malicieuse, un trait de
philosophie parisienne. Sans doute Francis Chevassu a-t-il voulu dire qu'il
était moins dangereux de porter au théâtre une aventure sentimentale
qu'un conflit entre des partis politiques ou des croyances religieuses. Mais
il ne faut pas approfondir la signification ou généraliser la portée d'une
telle boutade, et, plus d'une fois, Francis Chevassu s'est diverti à des
paradoxes de ce genre, sans penser un seul instant qu'aucun d'eux pourrait
devenir pour ses lecteurs une règle de conduite... ou d'inconduite. »

CLIFFORD BISSELL.

parce qu'elle nous est imposée continuellement du dehors, et souvent sans la moindre nécessité. L'amour, tel que nous le rencontrons dans le théâtre contemporain en France, est bien autre chose. Il est conventionnel, non seulement pour les raisons que je viens de dire en parlant de l'amour au théâtre de langue anglaise, mais par l'aspect étroit dont il est envisagé.

D'abord, il se rencontre presque toujours hors du mariage et souvent dans l'adultère : c'est une constatation que nous avons déjà faite. Ensuite, comme le fait remarquer Jean Jullien dans le passage que nous avons vu, il est traité presque exclusivement du côté sensuel, au point de faire croire qu'il n'en possède pas d'autre. Par conséquent, il est l'agent par lequel se manifestent non pas les sentiments nobles, magnanimes, ou simplement aimables, mais toutes les bassesses de la nature humaine : les personnages des pièces, non contents de faire preuve de ces bassesses eux-mêmes, les attribuent volontiers à tout le monde, et veulent nous amener à croire que la société contemporaine en général pense et agit comme eux. Au nom de l'amour, qui ne nous est pourtant présenté que comme une affaire charnelle, l'on veut que nous excusions le mensonge, la tromperie, le vol, que sais-je ? même le meurtre !

D'abord, l'amour est adultérin ou en tout cas en dehors du mariage. Il entraîne donc forcément après lui, dans la plupart des exemples, un cortège de mensonges, de tromperies, de jalousies, de fourberies de toutes sortes. Le verbe le plus fréquent dans ces pièces, c'est le verbe *aimer*, et après celui-là, le verbe *tromper*. Dans *Le passé* de Porto-Riche (acte I), tous les hommes, excepté Maurice Arnault, soutiennent qu'on doit mentir à une femme. L'un d'eux dit : « Tout le monde est de mauvaise foi en amour », et Maurice lui-même convient : « L'histoire de l'amour est celle de la duplicité. »

Dans *Mariage blanc*, de Lemaître, Jacques de Tièvre, qui avait menti aux femmes toute sa vie, n'était pourtant pas considéré comme un « malhonnête homme » (p. 33).

Dans *Georgette Lemeunier*, de Donnay, Journay dit (p. 71) :
« On peut, on doit abuser de la confiance d'une femme, mais
jamais de sa méfiance. » Dans *Le scandale*, de Bataille, un
petit garçon invente un prétexte pour revoir une petite fille
qui doit retourner à Paris, et un monsieur s'écrie (p. 6) :
« Est-il roublard, ce petit, pour son âge ? Voyez-vous ça ?
Déjà menteur comme de petits hommes ! »

Voyons quelques définitions plus détaillées de l'amour tel
qu'il apparaît sur la scène contemporaine. Les dramaturges
bourgeois n'ont que faire d'un amour comme celui qu'on
trouve dans *Cyrano de Bergerac* ; c'est là de l'amour romantique, et ils sont réalistes. Voici plutôt comment ils l'entendent : « C'est l'amour des sens à ses divers degrés, de la
simple débauche à la pure folie passionnelle... celui qui rend
idiot et méchant, qui mène au meurtre et au suicide, et qui
n'est qu'une forme détournée et furieuse de l'égoïsme, une
exaspération de l'instinct de propriété. Une créature est
tout pour vous ; elle vous fait indifférent au reste du monde,
parce que vous attendez d'elle des sensations uniques. Vous
l'aimez comme une proie, avec l'éternelle terreur de la
partager. Vous voulez être pour elle ce qu'elle est pour vous,
l'univers de la sensation. Sinon, vous la haïssez en la désirant.
Voilà le grand amour. La jalousie en est presque le tout (1). »

Cette doctrine se retrouve dans certaines des pièces
mêmes. Dans *La danse devant le miroir*, de Curel, Louise dit
(p. 152) : « Il n'y a pas de sentiment plus égoïste que l'amour,
puisqu'on tue la personne aimée plutôt que de la savoir
heureuse avec un autre », et quelques lignes au-dessus de ce
passage nous lisons : « Les amants se désirent. Désirer est
presque l'opposé de chérir. » D'après cette pièce, l'affection
et la tendresse ne sont que d'habiles subterfuges de la nature
pour masquer la véritable essence de l'amour, qui est féroce.
Dans *Le phalène*, de Bataille, Philippe dit (p. 21) : « La per-

(1) Lemaître, « L'amour selon Michelet », dans *Les contemporains*,
vol. VII, p. 46. Dans ses *Impressions de théâtre* (vol. VI, p. 311), l'auteur
revient au même sujet, et cite La Bruyère : « L'on veut faire tout le bonheur,
et si cela ne se peut, tout le malheur de ce qu'on aime. »

version est au fond de tout amour. Il suffit d'un coup d'ongle pour la faire jaillir. » Dans *Georgette Lemeunier*, de Donnay, Journay dit à Georgette (p. 118) : « En un mot vous lui souhaitez tout le mal possible : vous voyez bien que vous l'aimez. »

Voilà la théorie de l'amour. En voici maintenant quelques exemples tirés de la pratique. Dans *La meute*, d'Hermant, Catherine dit à Lanspessa (p. 82) : « Je t'exécrais et j'avais soif de toi : voilà aimer ! » C'est bien ce que disait Lemaître : « Vous la haïssez en la désirant ». Catherine renchérit là-dessus : toujours parlant de Lanspessa, elle dit (p. 185) : « L'homme qui m'a séduite presque enfant, Dieu sait par quel ignoble calcul, je l'aime, je l'aime de toutes mes forces, et cette passion, qui est ma nausée, est l'unique et abominable joie de ma vie (1). »

Dans *Le partage*, Guinon nous montre un jeune homme, Raymond, et sa maîtresse, Louisette, une femme mariée, dont la passion mutuelle n'engendre que des actes et des sentiments méprisables. Pour courir aussi peu de risque que possible, Raymond commence par adresser ses sentiments et même ses manifestations visibles d'amour non pas directement à Louisette, mais à la fillette de cette dernière, Simone, âgée de six ans. C'est d'un drôle exquis : si vous ne le croyez pas, écoutez Louisette, qui dit en riant : « Pauvre petite, elle n'y comprenait rien ! » Plus tard, Raymond veut persuader à Louisette de fuir avec lui, en emmenant l'enfant avec eux, c'est-à-dire en la volant au père ; comme elle trouve que la présence de la petite Simone compliquerait trop l'affaire, elle renonce sans hésiter, non à la fuite, mais à sa fille, et se décide à fuir sans elle. A un moment donné, nous sommes portés à croire que Raymond a un sentiment louable, car il dit (p. 221) : « Depuis que je fréquente ton

____

(1) Benoist, qui ne paraît pas partager l'opinion de la plupart de nos auteurs sur ce que doit être l'amour, a ceci à dire du théâtre d'Hermant : « Quoi qu'il soit beaucoup question d'amour dans ce théâtre, l'amour en est absent ; ce qui le remplace, c'est le frisson du désir, ou la perversion sensuelle qui naît de la satiété. » *Le théâtre d'aujourd'hui*, 2ᵉ série, p. 251.

mari, j'ai tellement souffert que, vingt fois, l'idée m'est venue de rompre ! » Mais nous sommes vite désabusés : ce sentiment n'est pas dû à la honte que ressent Raymond de sa perfidie envers cet homme qui le traite comme son meilleur ami ; il n'en ressent aucune ; c'est parce que son esprit jaloux et sensuel ne peut endurer « le partage » ! Rougier, le mari, finit par tout découvrir, mais comme Louisette est sur le point de mourir, il se laisse persuader par la mère de Raymond de laisser revenir celui-ci pour embrasser une dernière fois Louisette, qui ne meurt pas sans exiger de ce jeune homme de trente-deux ans le serment de ne jamais aimer une autre femme. Rougier est tellement magnanime qu'il va jusqu'à convenir que Louisette a été une bonne mère ! Ce qui nous frappe dans cette pièce, c'est que l'auteur se met très clairement du côté de ces deux amants, de ces deux êtres gouvernés uniquement par la sensualité, et-qu'il essaie de leur attirer la sympathie de son auditoire. Du reste, la sensualité dans *Le partage* ne se limite pas à Raymond et à Louisette ; la mère de Raymond en a sa part. C'est même sa jalousie qui est cause que Rougier découvre la situation. Voici comment elle parle de l'amour maternel (pp. 45-46) : « En vérité, c'est une passion comme les autres, avec un mélange d'égoïsme, de violence et de bassesse. Combien de mères, surtout des veuves, quand leur fils est devenu grand... ont souffert de ses liaisons de jeune homme comme d'une infidélité. » Et elle demande avec indignation à Louisette si cette dernière s'imagine qu'une mère aime son fils de la même manière qu'elle aime sa fille.

Une autre pièce de Guinon, *Le joug*, nous fait voir un homme qui pense acquérir une maîtresse qu'il compte dresser comme ménagère, ce qui lui permettra à lui-même de mener une vie d'oisiveté, mais elle l'oblige à l'épouser et devient un véritable tyran chez lui. Il n'a pas voulu l'épouser, et il voudrait la renvoyer, mais il lui est complètement asservi par les sens... les circonstances montrent qu'il ne peut l'aimer que physiquement.

Egalement esclave des sens, et même davantage, Cortelon,

dans *La griffe* de Bernstein, finit par en devenir fou. La catastrophe est d'autant plus terrible qu'il s'agit d'un homme de cinquante ans. Les personnages de Bernstein parlent moins d'amour que ceux de Donnay, de Bataille, et de Porto-Riche, mais ils s'en occupent à peu près de la même façon. Marise, dans *Le voleur*, est tellement emportée par la force de l'amour sensuel (par exception, c'est pour son mari !), qu'elle devient criminelle envers des hôtes et des amis. Dans *Le bercail*, Jacques dit à Éveline (p. 22) : « Confiance ! Vous n'avez que des mots pareils ! Mais je vous aime, entendez-vous, je vous aime ! Est-ce qu'on a confiance quand on aime ? » Et Étienne dit à sa femme (p. 267) : « De la jalousie ! Moi ! Tu te trompes ! Pour être jaloux il faut aimer et je ne t'aime plus ! » La formule serait encore plus juste citée au rebours : « Pour aimer, il faut être jaloux. »

Dans *L'assaut*, cependant, Bernstein a dépeint un amour, celui de Renée pour son fiancé Mérial, où la confiance et la foi sont précisément ce qu'il y a de plus fort. Quand elle apprend une faute de la jeunesse de Mérial, elle ne l'en aime que davantage. Mais cette faute était un larcin ; nous ne savons pas comment Renée aurait réagi, s'il avait été question d'une autre femme.

C'est dans Donnay, Bataille, et Porto-Riche que l'on trouve l'amour non seulement le plus constamment pratiqué, mais aussi le plus fréquemment analysé. On ne peut échapper à l'amour physique chez Donnay. Un critique parisien a même parlé de « l'inconsciente et impudente dépravation d'idées dont tout son art procède », et ajouté : « Il excelle à exciter la sensualité (1). » Dans ses pièces, on nous dit que tel ou tel est sculpteur, ou industriel, ou journaliste, ou inventeur, mais nous voyons peu ou rien de tout cela : leur vraie occupation, c'est l'amour. Dans *Les éclaireuses*, nous croyons aborder une discussion dramatique et sérieuse de la question

____

(1) *Recueil Stoullig*, 1895, 2, p. 429. C'était après *Amants*, et avant la plupart des autres pièces de Donnay. Mais le même procédé se fait remarquer dans toutes.

du suffrage féminin, mais nous nous retrouvons vite dans la
même atmosphère que dans *Amants*, *L'affranchie*, ou *La
douloureuse*. Au commencement de *L'escalade*, nous croyons
avoir affaire à un homme de science, comme Cormier dans
La nouvelle idole de Curel, mais le parallélisme s'arrête là.
D'abord, Soindres est connu principalement par son ouvrage
Prophylaxie et thérapeutique des passions, dans lequel l'amour
est considéré comme une maladie, et la pièce ne fait que
nous montrer comment Soindres lui-même attrape cette
maladie, par l'intermédiaire d'une veuve qui, ayant eu un
mari infidèle, passe sa vie à se venger en rendant autant
d'hommes que possible amoureux d'elle sans leur donner
aucune satisfaction. « La vérité est que si Soindres était
industriel ou marchand de soupe, la pièce n'en serait point
changée (1). »

Dans cette pièce, Gaston de Boisdugand dit en parlant
de l'amour, que c'est « une question qui est, pour tous ces
gens-là (*i. e.* les gens du monde), la grande, l'unique question. »
C'est bien le cas des personnages de Donnay : l'unique
question pour eux, l'amour, se retrouve partout, et l'un
d'eux, Cécile de Gerberoy, explique ce que c'est : « L'amour
sain, normal, n'a aucun rapport avec l'amour. »

Cette sorte d'amour-là, l'amour « tout court », qui n'est
donc ni sain ni normal, est celui qui intéresse le talent de
nos auteurs. Donnay met en scène des personnages secondaires qui ne sont là que pour accentuer l'atmosphère épaisse
d'amour qui nous accable de tous côtés. Témoin, dans le
troisième acte de *L'autre danger*, le jeune danseur Prabert ;
ou l'épisode des sœurs Clarisson dans *La douloureuse* ; ou
celui de Mme Égreth au troisième acte de *L'affranchie*.
Cette Mme Égreth, qui connaît à peine Antonia de Moldère,
vient chez elle un jour de réception, et après une visite très
courte, se lève « comme mue par un ressort » et s'en va.
Antonia demeure un moment intriguée, mais Listel, un indi-

____

(1) Léon Lemonnier, dans « Le théâtre de M. Maurice Donnay », *La
Grande Revue*, sept. 1922.

vidu dont l'occupation est de savoir tous les potins de la ville,
lui explique que la visiteuse est venue pour établir un alibi :
« elle est en ce moment adultère avec un nommé Lapoix »,
dont l'appartement se trouve tout près. On n'entend plus
parler dans la pièce de Mme Égreth ni de Lapoix.

Les personnages de Bataille souffrent de leurs amours
sensuelles d'une manière plus intense et plus morbide que ne
le font ceux de Donnay. « Toutes les pièces de Henry Bataille,
dit Gabriel Trarieux, sont dédiées à l'étude de l'amour,
de l'amour-passion, de l'amour-désir (1). » Benoist l'appelle
l'interprète de l'amour-maladie, et parle de « la conception
qu'il se fait de l'amour, celle d'une force déchaînée qui ne
s'arrête devant aucun obstacle (2). » Bordeaux dit de ses
pièces : « Ces âmes troubles toutes confondues avec les
corps, ces psychologies qui ne se cherchent que dans la volupté,
ces excitations qui se prennent pour un développement de
la personnalité, vont s'y contempler avec ravissement (3). »
Bataille lui-même, dans sa préface à ses deux pièces *Le
masque* et *La marche nuptiale*, glorifie l'instinct, qu'il croit
être trop dénigré par l'opinion générale.

C'est dans *Le phalène* que le point de vue morbide propre
à Bataille ressort le mieux. L'héroïne, qui apprend au commencement de la pièce qu'elle est vouée à la mort prochaine
par la tuberculose, a un désir insatiable d'apprendre si ses
amis l'ont convoitée physiquement ; elle pose la question
carrément à son maître Lepage. Elle finit par inviter tous
les hommes qu'elle connaît à une soirée orientale où elle
leur accorde le suprême privilège de la contempler dans un
état de parfaite nudité (que les spectateurs de la pièce ne
voient pas, hâtons-nous de l'ajouter !), après quoi elle se
suicide. Cette pièce suscita des critiques violentes, où il
fut question de décadence, mais l'auteur les attribua à
l'envie et à l'hypocrisie, comme le fit avant lui Théophile

---

(1) *La Revue*, nov. 1912.
(2) *Le théâtre d'aujourd'hui*, 2e série, pp. 208, 214..
(3) *La vie au théâtre*, 2e série, p. 107.

Gautier. « Vous avez longtemps courtisé la Muse, vous avez essayé de la dévirginer, mais vous n'avez pas assez de vigueur pour cela », dit-il à ses critiques en répétant les paroles de Gautier (1), et dans ses *Ecrits sur le théâtre* il fait des observations peu flatteuses au sujet des critiques en général, en mentionnant les noms de Brunetière et de Sainte-Beuve. Dans le même livre, il nous assure que l'intrigue du *Phalène* est « presque rigoureusement authentique », mais il nie que Marie Bashkirtseff ait servi de modèle à Thyra, son héroïne, tout en admettant qu'il a reproduit dans la pièce certains passages des journaux de Marie, et qu'il a gardé le nom de son maître, Lepage. Il dit : « Assimiler la vie de Marie Bashkirtseff à celle de mon héroïne est abusif... Ce n'est pas Marie Bashkirtseff qui m'inspira le drame, mais en l'écrivant, je relus ce journal... Je fus frappé de l'analogie, non des faits mais de la situation... La vie de Marie Bashkirtseff est trop connue pour qu'on puisse lui attribuer les agissements d'une Thyra. »

Dans *L'enchantement*, une de ses premières pièces, Bataille dépeint une créature toute faite d'instinct, Jeannine, une jeune fille de dix-sept ans ; on voit chez elle les ravages de la passion et aussi sa répercussion sur sa sœur aînée Isabelle, qui s'était toujours regardée comme au-dessus des fortes émotions. Chacune des deux sœurs tente de se tuer, Jeannine vers le commencement de la pièce, Isabelle vers la fin.

Dans *L'enfant de l'amour*, la femme est une courtisane et une très mauvaise mère. L'auteur dit d'elle : « Un type très répandu : il existe à des milliers d'exemplaires dans la vie de Paris et d'ailleurs. » Il affirme avoir connu beaucoup de ces exemplaires lui -même (2).

Dans *Maman Colibri*, où l'auteur étudie une femme dont l'instinct sexuel ne se développa que fort tard, il fait dire à la victime (p. 240) : « Les hommes ne me troublaient pas.

(1) Voir l'édition du *Phalène* dans *La petite Illustration*, n° 22.
(2) Cf. Léon Bernard-Derosne, dans *Gil Blas*, 12 nov. 1890 : au sujet de Clotilde, l'héroïne de *La Parisienne* de Becque, il dit : « Nous rencontrons tous les jours des femmes pareilles, et même des femmes pires. »

Leur gaîté me plaisait, leur compagnie m'amusait — mais je les ai vus toujours sans mystère et leur présence ne m'a jamais fait rougir. On n'explique pas ces choses-là. » Pour un public américain, il semblerait étrange qu'une femme se croie obligée d'essayer d'expliquer un état de choses qui ne nous paraît point anormal, mais pour un public parisien, il n'en est évidemment pas de même.

Dans *La vierge folle*, où un avocat âgé de quarante ans séduit une jeune fille de dix-huit ans et s'enfuit avec elle à Londres, en abandonnant une femme presque incroyable (surtout dans ce théâtre) de beauté d'âme et de générosité, nous entendons cette femme dire au frère de la jeune fille, lequel veut tuer le séducteur : « Aucun crime d'amour ne vaut la mort. Vous êtes trop jeune pour le savoir. » Mais la mort vient quand même : elle n'est pas rare comme suite à la passion dans le théâtre de Bataille.

La femme nue (c'est le nom d'un tableau exposé par le héros, un jeune peintre) a été appelée la meilleure pièce de Bataille ; c'est peut-être parce qu'elle est fondée sur des faits réels dans la vie du compositeur Debussy. Dans la pièce, la femme du peintre, son ancienne maîtresse, s'appelle Lolette et Loulou ; la femme du compositeur s'appelait Lilo. Lolette, lorsque Pierre la quitte pour une riche princesse, dont le mari laisse arranger un divorce moyennant une forte somme, se tire un coup de revolver et reste à l'hôpital jusqu'au jour où Rouchard, un peintre plus âgé qui avait été son amant avant qu'elle eût connu Pierre, la reprend : Lilo, dans la vie réelle, se tira aussi un coup de revolver et alla à l'hôpital, mais il ne survint point de Rouchard. Dans *La femme nue*, l'amour chez Pierre se transforme en calcul égoïste, mais chez Lolette c'est un amour véritable, car elle refuse d'accepter Pierre, que le remords a poussé jusqu'à s'offrir de nouveau à elle ; elle sait qu'il ne l'aime plus, et elle ne le veut que s'il l'aime.

Dans *La marche nuptiale*, c'est encore une femme qui se tue : une femme dont l'idéal, pour lequel elle avait sacrifié l'affection de sa famille et sa position sociale dans le monde, s'est écroulé. Ici, il n'y avait pas besoin d'un adultère, et il semble assez invraisemblable qu'une femme comme Grâce de Plessans ne puisse trouver que dans la mort un refuge contre les instances d'un coureur comme Roger Lechâtelier.

Dans *Les flambeaux*, Bataille oppose les désordres de l'amour au travail désintéressé de la science qui cherche à améliorer la vie humaine. Blondel, l'homme de science, se comporte aussi déraisonnablement qu'un autre sous l'empire de la jalousie sexuelle, et avec moins de cause que dans la plupart des pièces de Bataille ; il détruit le manuscrit de son chef et insiste pour que celui-ci se batte en duel ; Bouguet, le chef, qui est pourtant un homme raisonnable et sain, accepte, et se fait tuer. Sur son lit de mort il se montre au-dessus du commun des hommes en persuadant sa femme de pardonner à Blondel et de continuer avec lui ses travaux scientifiques, et il dit : « Va, les liens charnels sont de peu de poids. Ah ! la vieille équivoque charnelle ! Le problème du cœur n'est pas là. »

Ce n'est pas ici l'idée conventionnelle de l'amour, telle que nous l'avons vue exposée par de Curel, par Donnay, par Bataille lui-même. Et c'est une idée fort rare dans le théâtre contemporain. On la retrouve chez Pierre Verneuil, le mari dans *L'amour défendu* de Wolff, qui s'en va afin que sa femme puisse être heureuse avec un autre homme, et chez Jacques Hellouin, dans *Cœur à cœur*, de Coolus, qui dit (p. 24) « Elle ne voit en moi que l'amant violent et emporté ; elle n'a pas soupçonné l'ami... l'homme qui aime autrement et mieux que par les sens, l'homme qui aime enfin. »

On voit donc que dans le théâtre de Bataille, à côté de « l'amour-maladie », il existe des exemples poignants de beauté morale ; quelques-uns, comme Fanny, la femme délaissée dans *La vierge folle*, Bouguet et sa femme dans *Les flambeaux*, tiennent même du sublime. Nous ne trouverons rien de semblable dans le théâtre de Porto-Riche. Chez Bataille, il y a des actions en dehors de l'amour ; chez Donnay, on discute des idées en dehors de l'amour ; chez Porto-Riche, l'amour constitue toute l'action et forme la seule idée. Et il semble que dans chaque pièce successive de cet auteur, les personnages deviennent moins dignes de sympathie et de respect. Dans son premier succès, *La chance de Françoise*, étude d'un mari foncièrement infidèle, Françoise elle-même est gentille. Dans *Amoureuse*, le personnage de Germaine, continuellement obsédée par l'amour des sens pour son mari, souleva des objections : Henry Bauer l'appela « une chatte en rut, tordue sur tous les meubles en miaulant devant son matou », et Lemaître la crut « une élégante chienne déchaînée (1). » Sans aller aussi loin, nous n'avons pas besoin d'admirer Germaine ; son mari Etienne n'est pas admirable non plus, mais nous pouvons le plaindre de ne pas être laissé tranquille quand il veut travailler à sa profession. Dans *Le passé*, qui est souvent appelé la meilleure pièce de Porto-Riche, Maurice Arnault est la seule personne dont le sort nous intéresserait dans la vie réelle ; les autres n'en vaudraient vraiment pas la peine. Toute la question de la pièce est de savoir si Dominique, une femme qui n'est plus jeune, va ou ne va pas redevenir la maîtresse d'un homme qui s'est lassé d'elle il y a bien des années. Cet homme est représenté comme une personnalité irrésistiblement séduisante. Mais c'est un menteur fieffé, un homme qui au moment même de faire les promesses les plus solennelles a l'intention de ne pas les tenir, un homme pour qui un serment ne signifie rien du tout : en somme, il ne possède pas le moindre sens moral. Qu'une femme, ayant été une fois trompée par cet être et le connaissant tel qu'il est, puisse de nouveau devenir sa victime, cela est possible, mais une femme aussi faible, aussi dénuée de caractère, de dignité et de bon sens, est si peu intéressante que nous nous demandons à quel titre on fait d'elle le personnage principal d'une pièce sérieuse, voire une tragédie... car on est allé jusqu'à appeler *Le passé* une tragédie ! Mais il nous semble que dans une tragédie, les personnages doivent être au-dessus de la moyenne, même dans leurs crimes, tandis qu'ici ils sont tous au-dessous (espérons-

---

(1) *Impressions de théâtre*, vol. VI, p. 311.

le du moins) ; les vilenies de François Prieur ne sont pas terribles, elles sont basses ; elles ne font pas frémir, elles font mépriser. Les personnages secondaires, dont nous avons déjà parlé dans ce chapitre, ne valent pas cher non plus.

Le vieil homme, la pièce la plus longue de Porto-Riche, a été aussi appelée une tragédie, comme nous l'avons constaté au chapitre précédent. Il y a là en effet comme un décret du destin, qui punit les parents, et surtout le père coupable et traître, par la mort de leur fils. Mais si la mauvaise conduite de Michel est cause de la mort d'Augustin, c'est uniquement parce que le fils a les mêmes dispositions que le père. Il se tue par jalousie impuissante. Il vient d'avoir seize ans, mais « tout son être est si troublé par l'attente de l'amour que son apparence est presque celle d'un amant (1). » Il dit à sa mère (p. 8) : « Oh ! maman, maman, pourquoi l'amour n'est-il pas l'unique objet de la vie ? Quand j'entends de ces phrases, quand je lis de ces livres, quand je pense à tout ce que tu dis ou n'oses pas dire, tout mon être est bouleversé, et je crois que j'ai trouvé ma vraie carrière. » Et il reste bien dans la tradition de ce théâtre par la manière dont il envisage l'amour. Il ne lui suffit pas d'aimer, il faut que sa maîtresse soit la femme d'un autre ; si elle n'était pas mariée, son amour pourrait faire moins de mal ! Quant à faire de sa propre femme l'objet de son amour, il n'y pense pas, et pourtant, il veut une femme et des enfants. Pourquoi ? Laissons-le dire. Au dernier acte, voici comment il parle à Mme Allain, celle dont il est amoureux (elle pourrait passer pour sa mère) : « Manquer un rendez-vous, repousser cette ivresse ! La voilà, la vraie faute. Demain, celle qui s'offre aujourd'hui se sera peut-être reprise. Elle sera peut-être infidèle. Son mari l'aura peut-être emmenée en voyage. Enfin, on n'aura pas connu sa possession ! Est-ce qu'on s'occupe des conséquences d'un tel événement ? Qu'importe la douleur des autres ? Je voudrais avoir une femme à trahir, de vieux

(1) Acte I, Sc. XIII.

parents à méconnaître, des enfants à sacrifier pour courir à ma joie ! »

Un jeune garçon qui fait preuve d'une telle démence est un sujet pathologique, et la mort d'un être pathologique ne peut former la matière d'une tragédie. Elle peut paraître un malheur pour ses parents, mais pour le monde, elle est un bienfait.

Pour accentuer encore le ton de son ouvrage, et pour nous montrer aussi ce que l'hérédité a à faire dans le caractère d'Augustin, l'auteur fait évoluer sur la scène le grand-père, Chavassieux, personnage dont la concupiscence n'est égalée que par l'avarice.

Même hors de son théâtre, Porto-Riche est obsédé par l'amour sensuel. Dans un compte-rendu qu'il fait d'une représentation de *Phèdre*, il s'échauffe au sujet de la beauté de l'actrice qui jouait le rôle principal, et il s'écrie : « Faut-il qu'Hippolyte soit ignorant pour   refuser pareille aventure (1) ! »

Dans *Le réveil*, de Paul Hervieu, le prince Jean parle un peu comme Augustin. Il dit à son père, qui essaie de le rappeler au patriotisme : « Je n'ai pas de peuple. Je ne me sens le maître et l'élu que d'une seule créature à laquelle je veux tout immoler ! » Mais ce sentiment n'est que passager, et par la conclusion de la pièce aussi bien que par le titre, Hervieu montre clairement qu'il le condamne. Je n'oserais en dire autant de Porto-Riche.

Mais les dramaturges contemporains ne sont pas satisfaits de nous faire voir des personnages pour lesquels le mot amour ne signifie que le désir physique assouvi au prix de toutes sortes de bassesses. Ils veulent nous persuader que ces personnages ne sont point exceptionnels, mais qu'ils représentent bien les gens qui constituent le monde bourgeois. Par exemple :

Dans *Amants*, de Donnay (p. 48), le comte de Ruyseux dit : « J'ai été cocu. Ce qui me console, c'est que je ne suis pas

____

(1) Cité par Bordeaux, *La vie au théâtre*, préface, 3º série.

une exception. » Claudine répond : « Non, mais ce qui est
une exception, c'est la façon dont vous prenez la chose. »
Le comte réplique : « Je la prends comme il convient, car
du moment que l'infidélité ou si vous aimez mieux le changement est une loi naturelle, il est à regretter que notre génie
national ait toujours tourné au ridicule et parfois au tragique
les conséquences logiques de cette loi. »

Dans *La vrille*, encore de Donnay, nous trouvons l'excla-
mation (p. 381) : « C'est tout un monde à connaître, et quel
monde ! Toute la bourgeoisie ! » et Paul dit (p. 387) : « S'il
croit que ce qui est arrivé à Mme Dunouveau empêchera
une seule des dix mille femmes mariées, qui, à Paris, entre
cinq et sept, ôtent un corset quotidien... car, as-tu remarqué
que c'est toujours entre cinq et sept ? » et Gotte répond :
« Oui, c'est pour ça qu'on dîne si tard dans les familles. »

Dans *Paraitre*, de Donnay aussi, Le Graffier dit à Christiane : « Vous n'êtes pas banale... vous ne trompez pas votre
mari » : état de choses intolérable, auquel Christiane met
bientôt remède. Dans *Paraître*, presque tous les personnages
sont impliqués dans quelque amour illicite. Dans *Monsieur
Brotonneau*, par de Flers et Caillavet, Brotonneau dit (p. 22) :
« Mais enfin, Monsieur William, tous les hommes, tous nos
clients, ont une femme et une maîtresse », et William répond :
« Oui, à Paris, presque tout le monde a deux femmes, c'est
presque un minimum. » C'est l'idée des *Deux écoles*, de Capus,
et du *Bonheur*, de Guinon, mais retournée : dans ces pièces,
la femme finit par se convaincre qu'on ne trouve jamais les
qualités d'un amant et d'un ami réunies en un seul homme.

Dans *La couvée*, de Brieux, Mme Graindor veut convaincre
sa fille Fifine que son mari André lui sera infidèle, et elle
parle ainsi (pp. 77-78) : « Regarde autour de toi : M. Dubois
a une danseuse ; M. Pelletier a une chanteuse ; M. Prévost,
la caissière du café des Arts, M. Moutier, celle du café de la
Comédie. M. Delamarre également. M. Bocquet, lui, c'est
Mme Delamarre, et M. Courtin, c'est Mme Bocquet... Oh !
je sais bien ! on se dit toujours qu'on sera la seule à échapper
au sort commun, que son mari est une exception. » Ces choses

ne se passent pas à Paris, mais dans une petite ville de province. Dans *Suzette*, de Brieux, Henri dit à ses parents (acte I. scène V) : « Je suis cocu, comme tous mes amis. »

Les hommes surtout ne valent pas cher, selon maintes affirmations que nous trouvons dans le théâtre contemporain. « Ce n'est pas joli, va, le cœur d'un homme », dit Georges dans *Le pardon*, de Lemaître . Dans *Les hannetons*, de Brieux, Brochot dit à Pierre : « Les hommes, on est tous des cochons », et Pierre est du même avis. « Bah ! que celui qui n'a jamais été canaille avec une femme aimée me jette la première pierre », dit Georges Boullains dans *L'âne de Buridan*, par de Flers et Caillavet. Dans *L'évasion*, de Brieux, Lucienne s'écrie à Paul (p. 172) : « Vous vous ressemblez tous, et c'est toujours le même désir bestial et insultant ! Ah ! si chaque femme, si chaque jeune fille même, osait dire les ignominies dont on a voulu la rendre complice, les inexprimables propositions qui lui ont été faites par des amis, par des jeunes, par des vieux, par des hommes réputés vertueux et loyaux, et cela à deux pas du mari ou du père, dont ils allaient serrer la main, au départ, après l'échec de leur tentative ! Ah ! les lâches que vous êtes tous, et qu'il vous faut de l'audace pour oser exalter cet amour avili par chacun de vous ! » Dans *L'énigme*, d'Hervieu, le marquis de Neste dit à Vivarce, que les frères Gourgiran menacent de tuer pour avoir été adultère avec la femme de l'un d'eux : « Non, humainement, je ne peux pas prêter les mains à votre mort, moi qui survis vieux, tranquille, honoré, après avoir fait pis que vous, moi qui ai trompé dix maris, qui ai trompé ma femme... » Dans *Joujou*, de Bernstein, Maurice Royère est décrit comme « type d'homme très homme, trop homme pour plaire beaucoup aux hommes » : sa sensualité purement animale, la manière dégoûtante dont il parle de lui-même, et le cynisme calme et ironique avec lequel il discute sa trahison envers sa femme, ne flattent pas le « type homme » ; il ne faut pas se rassurer, non plus, en voyant qu'il ne plaît pas aux hommes, car Faguet explique que si les hommes n'aiment pas don Juan, ce n'est pas à cause de sa nature immorale, mais « par une jalousie bien naturelle (1) ! » On trouve des exemples plus ou moins semblables dans *La sérénade*, de Jullien (conseils de Mme Cottin à sa fille au sujet des jeunes gens) ; *Le marché*, de Bernstein ; *La chance de Françoise*, de Porto-Riche ; dans *Madame Colibri*, de Bataille (où l'on voit par une conversation au premier acte que les hommes de la famille se donnent tout le plaisir qu'ils veulent avec des maîtresses et des filles, tandis que la femme, pour une indiscrétion, est chassée) ; dans *La marche nuptiale* du même auteur, et dans d'autres encore.

Dans certaines pièces, il s'agit non d'hommes en général, mais de Français en particulier. Dans *L'enchantement*, de Bataille, à propos d'une observation de Georges, Isabelle s'écrie (p. 33) : « Ah ! Français que vous êtes ! Les vieilles plaisanteries ne perdent pas leur droit et il y a toujours du commis-voyageur chez l'homme le plus intelligent. » Dans *Le passé*, de Porto-Riche, Antoinette, décrivant François Prieur, dit : « C'est à Londres que je l'ai rencontré, mais c'est un Français », et Dominique répond : « Tu n'as pas besoin de le dire. » Dans *L'affranchie*, de Donnay, Mme Danglejais dit (p. 332) : « De même que les modes viennent de France, il semblerait que le vice en vient aussi, parce que c'est là qu'il est le plus élégant, le plus tapageur et le plus joliment cynique. » Le critique Larroumet, en parlant de la scène dans *La robe rouge*, de Brieux, où Mondoubleau s'indigne parce que Mouzon, un magistrat, a été pris ivre en compagnie d'une fille des rues, demande : « Est-il possible de tenir rigueur à Mouzon d'une peccadille toute française ? (2) » Brieux, dans *La Française*, fait bien dire à Marthe qu'il y a encore d'honnêtes femmes en France, mais il ne dit rien au sujet des hommes.

On s'attend à ce que tout jeune homme ait des liaisons ; les parents sont tous indulgents, et quelques-uns vont jusqu'à admettre que leur fils puisse séduire une jeune fille tout en

---

(1) *Journal des Débats*, 10 fév. 1902, compte rendu du *Marquis de Priola*.
(2) *Le Temps*, 19 mars 1900.

CLIFFORD BISSELL.   6

restant un « honnête homme » (1). « Vous avez été jeune,
n'est-ce pas ? » ou « Il faut que jeunesse se passe », sont des
phrases fréquentes qui excusent tout, ou presque tout (2).
Si un homme est sans maîtresse, ou s'il n'en a eu qu'une, on
se moque de lui ou tout au moins on s'en étonne (3).

Il faut bien que les parents, surtout les pères, soient
indulgents pour leur fils, car bon nombre de ces pères conti-
nuent encore la débauche eux-mêmes. Dans *L'école des veufs*,
d'Ancey, le père et le fils ont la même maîtresse. Le baron
de Rysbergue, dans *Maman Colibri*, de Bataille, qui chasse
sa femme pour cause d'adultère, est adultère lui-même.
Parmi d'autres exemples citons Orsier, dans *Son père*, de
Guinon ; Bourneron, dans *L'enfant chérie*, de Coolus ; Gontier,
dans *La Française*, de Brieux ; le comte de Vaneuse, dans
L'âge difficile, de Lemaître ; Chavassieux, dans *Le vieil
homme*, de Porto-Riche... un grand-père, celui-là. Le baron
Lebourg, dans *La rafale*, de Bernstein, s'est occupé de gagner
de l'argent et de s'élever dans le monde à tel point qu'il
confesse, d'un air penaud (p. 51) : « Tiens ! c'est presque ridicule à confesser... mais moi-même... depuis notre mariage...
jamais une maîtresse... pas une maîtresse en vingt-neuf ans ! »

(1) *Maternité*, de Brieux, p. 62.
(2) Voir *La couvée* (pp. 5, 35), *L'escalade* (p. 144), *La figurante* (acte I),
Georgette Lemeunier (p. 159), *Le voleur* (acte II). Dans *Le bourgeon*, de
Feydeau, un médecin recommande à une mère que son fils, une fois au
régiment, fréquente les maisons de prostitution (voir ci-dessus Faguet,
Propos de théâtre, vol. V, p. 316). Dans certaines pièces un père veut bien
que son fils se donne du bon temps avec des filles ou qu'il prenne une maîtresse, mais ne veut pas qu'il détourne une femme « qui est la propriété
d'un autre » (*Connais-toi*), ni qu'il ait une affaire avec une femme dans sa
maison à lui (*L'escalade*), ni qu'il épouse sa maîtresse (*La petite amie*, de
Brieux), ni qu'il épouse une femme qu'il aime si le mariage pourrait ne pas
l'avancer dans le monde (*La poigne*). Dans *L'émigré*, de Bourget, le père
est une exception. Il dit à celui qu'il croit son fils (p. 22) : « Il n'y a qu'un
trait dans la vieille France qui ne me plaise pas. C'est cette indulgence
pour la galanterie. L'adultère, vois-tu, est une chose très triste, la séduction, une chose infâme ; la débauche, une chose très basse. Rien de tout
cela n'est fait pour un homme de cœur. »
(3) Voir *Paraître* (p. 180), *Les maris de Léontine* (conversation entre le
baron et Anatole), *La petite chocolatière* (p. 192).

Il résulte de cette convention de l'amour plusieurs situations qui paraissent fort insolites aux yeux d'un habitué du théâtre de langue anglaise. Par exemple, nous pourrions croire que si un mari a un ami intime, c'est afin que celui-ci devienne l'amant de sa femme. C'est ce qui arrive dans *La chance de Françoise*, de Porto-Riche, et Françoise dit : « C'est toujours si tentant, la femme d'un ami. » Même situation dans *Le pardon*, de Lemaître. Dans *Les avariés*, de Brieux, Georges Dupont raconte au docteur que pendant plusieurs années il a eu comme maîtresse la femme de son meilleur ami, et loin d'en ressentir de la honte, il se targue de vertu : « Ma jeunesse pourrait être donnée en exemple à tous les jeunes gens. » Ce qu'il y a de curieux, c'est que Georges et sa maîtresse ont senti qu'il y avait quelque chose d'immoral dans leurs relations après la mort du mari, et qu'ils ont renoncé à leur liaison lorsqu'il ne restait plus personne à tromper. Raisonnement bizarre ! Dans *Révoltée*, de Lemaître, Mme Herbeau dit à André : « Généralement, ce n'est pas à préserver la vertu des femmes de leurs amis qu'on voit les hommes occupés. » Et André, se rendant bien compte qu'il est un excentrique, répond : « Madame, cela m'est tout à fait égal de passer pour un honnête garçon. Je brave le ridicule. » Dans *Les trois filles de Monsieur Dupont*, de Brieux, Lignol laisse tomber quelques mots suggestifs devant Julie, qui vient de devenir la femme de l'ami le plus intime de Lignol, mots qui font dire à Julie : « Allons, vous n'aurez pas perdu votre temps, vous, pour essayer de remplir tout à fait votre rôle d'ami de la maison. » Dans *La douloureuse*, de Donnay, Stany essaie d'expliquer et de justifier cette situation : « Mais c'est justement parce que vous êtes l'amie de ma femme que je vous aime : on est toujours fourré les uns chez les autres, on se voit tout le temps ! je ne suis pas amoureux de vous *quoique*, mais *parce que* vous êtes l'amie de ma femme. C'est comme on s'étonne que les femmes aient toujours pour amant l'ami du mari ou le mari de l'amie : ce n'est pas raffinement ni perversité de leur part... elles ne font qu'obéir à la plus impérieuse logique. » Dans *Bagatelle*, d'Hervieu,

Jincour donne à peu près la même explication : il trouve bien plus naturel qu'un homme désire une femme qu'il voit chez elle et quelquefois en négligé, plutôt qu'une autre qu'il ne fait que saluer dans la rue.

Une autre situation assez fréquente est celle de la femme qui se donne pour faire avancer son mari dans la politique ou dans la finance. On la rencontre pour la première fois dans *La Parisienne*, de Becque. Du Mesnil croit qu'il ne sera pas nommé à un poste dans le Bureau des Finances, et qu'un homme qu'il décrit comme « très ordinaire » aura la préférence. Voici la conversation au sujet de cet homme qui s'ensuit entre du Mesnil et Clotilde :

C. — Marié ?
D. — Quel intérêt ça a-t-il ?
C. — Réponds toujours.
D. — Marié, oui.
C. — Sa femme est jeune ?
D. — De ton âge.
C. — Jolie ?
D. — Agréable.
C. — Légère ?
D. — On le dit.
C. — Ah ! la mâtine !
D. — Je te comprends.
C. — Il est temps.
D. — Tu te trompes. Ces choses-là ne se font jamais aux Finances.

Dans *Paraître*, de Donnay, nous entendons dire (acte III) que l'avancement politique de Deguingois est dû à des faveurs de ce genre accordées par sa femme non à un seul, mais à plusieurs des hommes occupant des positions au-dessus de lui. La femme de Sourette, dans *Georgette Lemeunier*, suit la même méthode, et le mari ne l'ignore pas. Paul Margès dit dans *Paraître* : « On m'a accusé d'avoir acheté comme avocat la clientèle de Raidzell, non seulement au prix de complaisances politiques mais au prix de complaisances conjugales. » Dans *L'adversaire*, de Capus, Mme Bréautin avoue qu'en voulant faire « arriver » son mari, elle a fait pour lui « des choses que je ne pourrais même pas lui dire. »

Dans *Les vainqueurs* et dans *L'argent*, deux pièces de Fabre,
la femme obtient des fonds pour son mari d'un riche banquier ;
dans le deuxième cas, le mari avait demandé à sa
femme d'être son intermédiaire auprès du banquier, et elle
lui dit qu'il n'a pas à s'indigner du résultat, dont il est lui-
même responsable, puisqu'il a dû savoir ce qu'elle serait
obligée de faire pour obtenir l'argent. Dans *Le marché*, de
Bernstein, Germaine est obligée de payer ce prix pour sauver
son mari de la ruine. Dans *Le bois sacré*, par de Flers et
Caillavet, nous avons la situation au rebours, traitée de
façon comique ; le mari tâche d'obtenir une décoration des
Beaux-Arts pour sa femme, qui est auteur, et comme il
présente sa demande à la femme du directeur, qu'il prie
d'influencer son mari, il s'ensuit tout naturellement que... !

Une autre idée bien étrangère aux habitudes de penser
de chez nous est illustrée par un critique de la presse parisienne qui signe « Interim ». Au sujet de la pièce de Bernstein
Le voleur, il appelle la passion que Fernand ressent pour
Marise « la première passion de la vingtième année, la plus
pure, la plus absolue, celle qui est faite de toutes les belles
illusions, de toutes les juvéniles ardeurs, celle que l'on
regrette toujours et que l'on ne retrouve jamais. » Voilà une
description vraiment étrange, car Marise, l'objet de cette
passion « pure » et « absolue », est la femme du meilleur ami
et de l'hôte du père de Fernand, et ce Fernand a déjà eu
deux maîtresses et n'a point renoncé à la seconde au moment
même où il fait sa déclaration à Marise (1). Dans *Les marion-*

(1) Quand *Le voleur* fut joué aux États-Unis, il fallut remanier cette
scène entière, qui dans sa forme première serait demeurée incompréhensible
à la plus grande partie du public. Dans la scène telle que Bernstein l'a
écrite, Marise répond aux supplications de Fernand en le questionnant
adroitement sur ses maîtresses, étant sûre d'avance qu'il en a une ou plusieurs, et le raille à leur sujet. Dans la version américaine, elle essaie de le
redresser par des paroles réconfortantes et viriles, et finit par lui donner
une tape sur le dos en lui disant : « Soyez un homme ! » Mme Simone, de la
Comédie Française, qui jouait à New-York, éclaircit pour ses compatriotes
cette situation : « Pour les Américains, un jeune homme amoureux qui
pleure et qui souffre, un amant désespéré qui se tue... ceux-là ne sont pas

nettes, de Wolff, Vareine dit en parlant de sa première maîtresse : « En brave petit homme que j'étais, je m'imaginais que l'amour était quelque chose de très beau, de très noble et de très pur. Elle sut vite me prouver le contraire. »

Dans *L'enchantement*, de Bataille, lorsque Georges comprend que sa femme est enfin amoureuse de lui, il ne peut jouir pleinement de la situation sans s'imaginer qu'elle est sa maîtresse. Il dit (p. 60) : « Je commence à comprendre le charme de notre situation... J'ai vingt ans... je sors du collège et j'ai une aventure avec toi... Ecoute, suppose que tu es la bonne de ma mère... » Et à la page 59 : « Il me semble que je trompe ton mari... chose exquise. » Ce Georges n'est pas un débauché comme François Prieur dans *Le passé*, ce n'est pas un amant professionnel ; non, c'est un fort honnête homme. Et pourtant, quand la chose qu'il désirait entre toutes devient vérité, quand il sait que sa femme, froide d'abord, l'aime d'amour et qu'il le lui rend, il trouve moins agréable de goûter cette vérité telle qu'elle est que de s'imaginer dans le rôle d'un amant adultère ou dans celui plus ignoble du séducteur d'une jeune bonne chez ses parents ! Cette attitude d'esprit doit être compréhensible pour le public parisien, puisque la pièce a réussi ; elle ne le serait certainement pas pour un public américain ou anglais. Elle ne s'explique que par cette idée que la première aventure d'amour d'un jeune homme est toujours la passion la plus belle de sa vie, et que cette belle passion ne se rencontre jamais dans le mariage, pour la raison, si nous en croyons nos auteurs, qu'il n'y a pas de mariage d'amour (1). Nous aurions

des hommes... ce n'est pas ainsi qu'on se représente en Amérique ceux qu'il faut imiter ou plaindre. » Les Américains, dit-elle, ne comprendraient pas et ne voudraient pas comprendre des personnages comme Chérubin et Fortunio. (Feuilleton du *Temps*, 22 sept. 1913).

(1) Nous en trouvons de nombreux témoignages. Dans *Les marionnettes*, de Wolff, Roger avait demandé au sujet de la jeune fille que ses parents lui choisissaient pour épouse : « Et si je ne l'aime pas ? » et sa mère avait répondu : « Il n'est pas question d'amour, il est question de mariage ». Dans *L'amour veille*, par de Flers et Caillavet, le curé dit : « Pour Dieu ! assez d'amour et revenons à la question... nous parlions mariage. » Dans *Révoltée*,

peut-être bien tort, alors, de la considérer comme une convention du théâtre ; elle serait plutôt une convention sociale, c'est-à-dire une chose qui existe, et qui est même la règle.

En tout cas, la formule d'un amour innocent, spirituel autant que physique, qui se rencontre si souvent dans le théâtre de langue anglaise, ne forme le sujet principal que de deux pièces dans notre liste. Ce sont *La Française*, de Brieux, dont nous venons de parler, et *Primerose*, par de Flers et Caillavet. Elle est quelquefois un simple épisode ou une matière d'importance secondaire, mais cela même est assez rare : on en trouve des exemples dans *Le réveil*, *La loi de l'homme*, et *La course du flambeau*, trois pièces d'Hervieu ; dans *Simone*, de Brieux ; dans *La vie publique* et *Un grand bourgeois*, de Fabre ; dans *Miquette et sa mère*, par de Flers et Caillavet ; et dans *La massière*, de Lemaître.

Dans *Le ruisseau*, de Wolff, Paul Bréhant, un peintre, se prend de sympathie pour une prostituée, Denise Fleury,

de Lemaître, Mme de Voves dit : « Oui, mariée sans amour, comme nous le sommes presque toutes. » Dans *La Française*, de Brieux, Geneviève dit à sa mère : « Le mariage d'amour, s'il est encore permis à une jeune fille de prononcer ces mots sans tomber dans le ridicule ». Dans cette pièce le mariage d'amour s'accomplit, mais il faut se rappeler que *La Française* est un peu une pièce de propagande, même dans son origine, et son auteur avait écrit dans un article de *La vie contemporaine* (9 oct. 1897) : « Le plus souvent, d'ailleurs, les pères n'ont pas besoin de défendre leurs fils contre les mariages d'amour : ce sont là des bêtises qu'on ne fait plus. »

Mais comment comprendre les actions, ou plutôt l'inaction, de gens dépeints comme honnêtes et estimables, tels que Mme Salvier dans *Les deux hommes*, de Capus, ou Clarisse de Sibéran, la femme du général dans *Connais-toi*, d'Hervieu ? La première, lorsqu'elle apprend qu'un homme qui vient souvent chez elle a essayé de devenir l'amant d'une femme mariée chez elle en visite, traite l'affaire comme une bonne plaisanterie : elle dit en riant : « Oh ! ce Marcel !... je m'en doutais. » La seconde, ayant appris qu'un jeune officier, Pavail, a prêté son logement au fils du général et à la femme du cousin de ce dernier pour des rendez-vous d'amour, n'y voit rien de très coupable, et dit : « J'entrevois bien que la jeunesse et la camaraderie ont de ces arrangements sans grand scrupule. » Nous ne devons pas supposer que ces deux femmes commettraient elles-mêmes des actes pareils, si l'occasion s'en présentait, mais elles trouvent tout naturel d'y devenir en quelque sorte accessoires. Et les auteurs nous les représentent comme des personnes d'une moralité excellente.

que la misère seule a poussée dans cette carrière. De la sympathie il passe à l'amour, et Denise devient sa maîtresse. Comme les amis de Paul s'en scandalisent, il s'écrie : « La plupart des hommes attachent une grande importance au jugement du voisin ; moi pas... la galerie, je m'en fiche, l'opinion, je m'en contre-fiche. » Mais alors, si Paul aime Denise véritablement, et s'il se fiche tant que cela de l'opinion des autres, pourquoi n'épouse-t-il pas Denise ? Il me semble qu'il se dit plus indépendant de l'opinion publique qu'il ne l'est, ou bien il a moins de confiance en son amour qu'il ne veut admettre ; en prenant Denise comme maîtresse, il se réserve pleine liberté de la laisser retomber dans la prostitution si par hasard il se fatigue d'elle. Il a agi surtout pour son propre compte. L'auteur veut nous faire croire que ce Paul a fait quelque chose de très bien, voire de noble ; je dois avouer qu'il m'irrite avec les airs d'homme vertueux qu'il se donne, et je ne vois en lui qu'un simple égoïste.

Malgré le langage extrêmement libre du théâtre contemporain, malgré la hardiesse qu'il montre en matière de choses sexuelles, il évite soigneusement un sujet qui, si ses personnages se conduisaient ainsi dans la vie réelle, serait de la plus haute importance, et aurait souvent une valeur dramatique : je veux dire les maladies vénériennes. Brieux seul a osé y toucher, et avec quel résultat ? Sa pièce *Les avariés*, en dépit du prologue qui expliquait que c'était une pièce très morale (et elle l'était en effet), fut interdite par la censure. Il avait déjà abordé le sujet, sans appuyer là-dessus, dans un passage des *Remplaçantes* où le docteur Richon donne des avertissements. Parmi tant de choses sales, morbides, écœurantes, que les dramaturges contemporains ont étalées devant nous, il en est donc une, et non des moindres, sur laquelle ils ont gardé le silence. Sans Brieux, on pourrait croire qu'elle n'existe pas.

Nous avons remarqué que les dramaturges non seulement nous font voir l'amour du côté le plus malsain, mais qu'ils font dire à leurs personnages que tout le monde se conduit comme eux. Mais que pensent les critiques ? On sera peut-être étonné de constater qu'eux aussi paraissent souvent de cet avis. Par exemple, le personnage de Marcel, le mari infidèle et sans conscience dans *La chance de Françoise*, suscita leur admiration parce qu'ils le trouvèrent conforme à la vérité. Lemaître écrivit dans le *Journal des Débats* (12 déc. 1888) : « Un type de mari, d'une vérité , mais d'une vérité ! » Richard O'Monroy dit de la pièce (*Gil Blas*, 12 déc. 1888) : « Si elle a été tant applaudie, c'est que beaucoup parmi nous se reconnaissaient au fond dans Marcel. » Et dans les *Annales* de 1890, nous trouvons (p. 340) la remarque : « Nous reconnaissons tous ce Marcel — vous ou moi. » Nous avons déjà noté l'opinion de Faguet que tous les hommes voudraient être des don Juans s'ils le pouvaient. Le même critique dit dans *L'Evénement* du 17 janvier : « Ne suffit-il pas qu'une femme soit adultère pour qu'elle soit sympathique ? C'est une règle même du théâtre, c'est une loi même du théâtre . » Louis Besson avait dit en 1887, à propos de *Francillon* : « L'homme chaste jusqu'à vingt ans commence à devenir ridicule. » Et Paul Flat se moque des conseils du docteur dans *Les avariés* (le docteur avait dit : « Prenez une vierge, épousez-la, et aimez-la toute votre vie »), en les appelant « à peu près aussi pratiques que ceux d'un naturaliste qui conseillerait à l'homme d'intervertir les saisons de l'année (1). » C'est Paul Flat, encore, qui nous dit que Bataille « nous rend un compte exact de la société présente

---

(1) *Figures du théâtre contemporain*, 1re série, article sur Brieux. Cette idée qu'une femme doit être chaste, mais qu'un homme ne doit pas l'être, est très ancienne, quoiqu'il n'y ait rien de plus absurde dans la logique... car si toutes les femmes restaient chastes, comment les hommes ne le pourraient-ils pas, et si les hommes doivent perdre la chasteté, comment cela est-il possible sans que les femmes la perdent en même temps ? A la page 37 des *Etudes dramatiques* de Louis Leclerc, publiées en 1875, nous lisons : « Vertu chez les femmes, chez l'homme la sagesse est plutôt considérée comme niaiserie, — c'est parfaitement injuste, mais Balzac, dans son roman *Le Lys dans la Vallée*, dit que par suite des idées assez singulières reçues dans le monde, si un jeune homme de vingt-cinq ans, vierge, connu comme tel, se présentait dans un salon, on n'aurait pas assez de sarcasmes à lancer contre lui ; il paraîtrait ridicule. »

si complètement esclave de la jouissance physique (1) ».
Et c'est encore lui qui appelle la situation du mari, de la
femme, et de l'amant qu'on voit dans *Le foyer*, pièce de
Mirbeau et Natanson, une « situation bien parisienne, comme
on voit... c'est le cas de la plupart des gens du monde (2) ».
N'est-ce pas exactement ce que disent les personnages de
La vrille, de Donnay ? Le professeur William Lyon Phelps
cite presque les mêmes mots sur cette situation, d'une lettre
que lui avait écrite en 1912 « un Français distingué comme
auteur de romans et d'essais, qui actuellement est connu
partout dans le monde entier », mais qui avait demandé
qu'on ne révélât pas son nom (3). On y trouve cette phrase :
« S'il est vrai que le théâtre doit être le miroir de son temps,
alors je ne peux pas reprocher aux théâtres parisiens des
boulevards de ce qu'ils représentent l'absence brutale de
moralité caractéristique de la société qu'ils dépeignent. »
Georges Duval, auteur de *Coquin de printemps*, avait dit dans
une lettre à Brisson : « Nous ne saurions atteindre le degré
de perversité qui règne en ce moment dans le public (4). »
Et Ernest-Charles, donnant un compte-rendu du *Bonheur*,
de Guinon, dans l'*Opinion*, en dit : « Peut-être le considérera-
t-on plus tard comme un des observateurs exacts, précis,

(1) *Ibid.*, sur Bataille.
(2) *Ibid.*, p. 62.
(3) *Essays on Modern Dramatists*, p. 264.
(4) *Le Temps*, 12 fév. 1906. La seule opinion contraire que j'ai relevée est
celle de Bordeaux, qui écrivit à Auguste Rondel : « Le théâtre, aujourd'hui,
a cessé de nous représenter au naturel. Un nouveau romanesque le dépare,
sauf exceptions. C'est un romanesque sensuel, mondain ou même apache »
(12 oct. 1911). Wolff a représenté un milieu de ce genre dans sa pièce *Les
marionnettes*, où, par contraste, il y a un oncle de province qui personnifie
les bonnes vieilles vertus de la campagne. Pour expliquer une absence de
cet oncle, lequel a soixante-deux ans, son neveu ne veut pas croire qu'il a
passé la journée à voir les sites intéressants de Paris ; il ne trouve que ceci :
« Vous avez fait la conquête ou plutôt vous vous êtes fait conquérir par
une petite demoiselle. » Dans la même pièce, on parle ainsi d'un théâtre
de marionnettes (acte II) : « C'est un succès ! Lorsque la poupée de
Mme Trévoux s'est déshabillée en scène et qu'elle a montré sa petite
poitrine de bois, tous ces messieurs se sont levés comme un seul homme !
Le vieux duc de Ganges avait les yeux hors de la tête. »

impartiaux de la société de notre temps. » Il faut ajouter que le sujet de cette pièce, *Le bonheur*, serait considéré par beaucoup de bonnes gens comme scandaleux.

Pour le moment, laissons de côté la question de savoir si la sensualité et la rosserie qui règnent dans le théâtre contemporain représentent la vérité ; nous y reviendrons dans notre dernier chapitre. Mais ne faut-il pas donner raison à Jullien et à Phelps quand ils accusent ce théâtre de monotonie ? Avant de lire ou de voir jouer une pièce, de n'importe lequel de ces auteurs, nous pouvons généralement prédire avec certitude quelles sortes de gens nous allons rencontrer, et dans quelles sortes de circonstances ils vont se révéler. Le mode de traitement varie plus ou moins suivant l'auteur, mais c'est presque tout. Et il y a très peu de personnalités fortes dans ces pièces ; c'est un résultat quasi-nécessaire de cet amour sensuel qu'on trouve partout et qui n'inspire que des passions ignobles. Ce n'est pas à dire qu'un théâtre réaliste doive enseigner ou prêcher la moralité. Mais si un théâtre ne fait aucun cas de la moralité, s'il la traite comme quelque chose qui existe à peine, est-ce alors la vie qu'il nous montre ? C'est peut-être justement là que réside la distinction entre le réalisme et la réalité, et la faiblesse de ce théâtre, ce serait de s'être tellement occupé d'être réaliste qu'il a manqué le but de la réalité, qui pourtant a dû être celui qu'il visait.

Cela veut dire que dans la réalité on rencontre un mélange de toutes sortes de gens, y compris pas mal de gens qui pratiquent la morale, ou en d'autres termes, qui essaient de ne pas faire de mal à leur prochain, même lorsqu'il s'agit d'amour. Bien entendu, dans les pièces du théâtre bourgeois contemporain il se rencontre aussi de ces gens, mais ils sont en minorité, et ils le sont forcément en matière d'amour, parce que l'amour, pour la plupart de nos dramaturges, est une force malveillante ; nous l'avons constaté non seulement par ce qu'ils en disent, mais par ce qu'ils en font. Les hommes qui subissent une telle force peuvent difficilement être moraux, et comme presque toutes les pièces nous montrent l'amour à l'œuvre, et presque toujours sous le même aspect, il s'en dégage une monotonie qui, après tout, n'est pas caractéristique de la vie réelle (1).

(1) Il y a des pièces qui prêchent la morale, comme dans le théâtre de Brieux ou de Fabre, mais justement pour cela, elles contiennent des personnages fort immoraux. Dans d'autres, comme *La dupe*, d'Ancey, il n'y a pas un seul personnage qui ne soit méprisable. Cette question de la morale au théâtre n'est pas encore tranchée. Brisson dit (*Le théâtre*, série 1907, p. 455) que le dramaturge se doit de donner « l'idée juste et saine que tout n'est pas pourriture ici-bas, qu'il existe d'autres joies plus délicates que la féroce satisfaction de nos appétits ». Bordeaux (dans *La vie au théâtre*, 2ᵉ série, p. 392) cite des paroles de Maupassant : « La morale, l'honnêteté, les principes, sont des choses indispensables au maintien de l'ordre social établi, mais il n'y a rien de commun entre l'ordre social et les lettres. » A quoi Bordeaux répond : « C'est un sophisme. L'ordre social fournit à l'art ses éléments. Une société purement instinctive et anarchique n'offrirait à l'art qu'une matière bornée. » C'est précisément le cas de ce théâtre ; il nous offre une matière bornée parce qu'il nous dépeint une société instinctive.

CHAPITRE IV

PERSONNAGES ET MILIEU

Rappelons-nous ce que nous avons déjà dit dans notre introduction : que le drame bourgeois ne se borne pas à dépeindre des personnages et des milieux de la bourgeoisie. On verra que le théâtre contemporain contient moins de gens ayant la particule que n'en contient celui de Dumas, et qu'en revanche, elle nous fait voir beaucoup plus de paysans et d'ouvriers. Dans l'un comme dans l'autre, le milieu bourgeois est le plus usuel, mais dans le théâtre contemporain, on trouve un peu de tout (1).

Il y a toujours des nobles, mais il n'y a presque plus de noblesse ; de plus en plus, elle tend à se fondre dans la haute bourgeoisie. Dans *L'armature*, de Brieux, les nobles disent eux-mêmes que l'aristocratie d'aujourd'hui est déterminée par l'argent. Dans *La course du flambeau*, d'Hervieu, Mme Fontenais demande : « Eh là ! vous destinez-vous à devenir noble ? » et Didier Maravon répond : « Ma foi !... en quelque sorte... je veux devenir riche... très riche. »

(1) Dumas, tout en écrivant des pièces « bourgeoises », aimait mettre en scène des princes, des marquis, et des barons, et méprisait les ouvriers. Dans la préface du *Demi-monde*, à propos de l'idée d'un ministre, Léon Faucher, d'un prix pour une pièce « de nature à l'enseignement des classes laborieuses », il dit : « C'est tout simplement absurde. Est-ce que l'art ne s'adresse pas avant tout à l'intelligence, à la passion, aux sens mêmes des classes délicates, raffinées, plutôt qu'aux classes laborieuses ? Vont-elles les voir quand on les représente ? » Eh bien, oui, quelquefois. Beaucoup d'ouvriers sont allés voir *Résultat des courses*, de Brieux. Il paraît que les pièces de Scribe, aussi, attirèrent de nombreux spectateurs de cette classe. V. Arvin, *Eugène Scribe and the French Theater*, p. 30.

Dans *La douloureuse*, de Donnay, nous trouvons le mot
(acte I, scène VIII) : « Il n'y a pas à dire, ce sont les seigneurs
d'aujourd'hui, la chevalerie industrielle et la noblesse ali-
mentaire. » La décadence des anciennes traditions de la
noblesse se voit dans des personnages comme le prince
Enguerrand et le duc de Barfleur dans *Décadence*, de Guinon ;
le prince d'Aurec dans la pièce du même nom, de Lavedan ;
de Brétigny et ses amis dans *Révoltée*, de Lemaître, et dans
divers personnages de *Samson*, *Israël*, *Les marionnettes*,
La meute, et d'autres pièces encore. Dans *Décadence*, le duc
de Barfleur, ayant dilapidé ses biens dans la débauche, marie
sa fille à Nathan Strohmann, qu'elle déteste, et vit aux frais
de ce dernier, en consacrant la plus grande partie de l'argent
qu'il reçoit à l'entretien d'une maîtresse... et pour accentuer
le plus possible l'indignité de sa situation, il sait que cette
maîtresse donne cet argent à un autre amant plus jeune que
lui. Les riches juifs de la pièce sont des parvenus, des gens
affreux, mais les nobles qui croient qu'ils peuvent se donner
le luxe de s'allier aux familles de ces parvenus sans cesser
d'en marquer ouvertement leur mépris, finissent par voir
qu'ils se sont lourdement trompés.

Dans toutes ces pièces les nobles sont des personnages
antipathiques. Comme exceptions, nous pouvons citer le
marquis de Claviers-Grandchamp, vrai aristocrate dont les
ancêtres étaient déjà nobles au temps de la féodalité, dans
L'émigré, de Bourget, et toute la famille Chantemelle, dans
Les fossiles, de Curel. Le marquis, bien qu'il ait des préven-
tions complètement démodées, est admirable, car ses défauts,
qui ne sont pas vicieux, vont de pair avec ses qualités. Il
s'oppose au mariage de son fils avec une bourgeoise, parce
qu'il croit que ce serait déroger à la noblesse de la maison
de Claviers-Grandchamp ; il se ruine par l'entretien d'un
ménage beaucoup trop coûteux, parce qu'il croit que c'est
son devoir de vivre noblement. Mais il croirait déroger encore
davantage en dépensant son argent dans la débauche. Il
veut empêcher, en personne, l'inventaire des biens de l'église
du village, que son fils, un officier, doit faire par ordre du

gouvernement. Survient le coup le plus imprévu et le plus
dur à supporter, la découverte que ce fils n'est pas le sien,
mais que sa femme l'a eu jadis avec un amant qu'il croyait
être un ami à lui : il reste inébranlable.

Dans *Les fossiles*, la famille n'a qu'un véritable principe
moral : la perpétuation du nom de Chantemelle. Le vieux duc
tient un peu de l'homme des cavernes. Ce n'est pas lui qui
mépriserait une alliance avec une bourgeoise. Il accepte
comme sien l'enfant illégitime d'une femme sans famille,
sans être certain si cet enfant est bien de lui ou de son fils,
car chacun, à l'insu de l'autre, a eu la même maîtresse. Mais
le duc dit : « Je veux un héritier de ma race, et... n'importe
comment, je l'ai. » Et sa femme, son fils, sa fille aînée, malgré
tout ce qu'ils ont pu sentir de dignité outragée, de confiance
trompée, d'idées morales violées, sont tellement pénétrés de
l'importance du nom de Chantemelle, qu'ils lui donnent raison.

Mais ces nobles, celui de Bourget et ceux de Curel, nous
paraissent comme des anachronismes. Le marquis, par son
dévouement à des traditions qui ne comptent plus, est
pathétique ; la famille ducale, en dépit d'une sorte de gran-
deur farouche inséparable d'une volonté aussi opiniâtre,
semble toucher à la folie. Dans *La vierge folle*, de Bataille,
le duc de Charance méprise la classe bourgeoise, il appelle
bien l'avocat Armaury un roturier, mais il n'est dupe
d'aucune illusion, et il dit (I-I) . « Nous autres aristocrates
n'avons plus que le savoir-vivre à opposer au savoir-faire. »

Les nobles rigides, irréconciliables, sont donc exceptionnels. Même dans *L'émigré* et *Les fossiles*, leur sang se trouve
corrompu par un mélange roturier. Ceux qui restent à part
ne font que hâter leur propre dissolution. Dans *Le député
Leveau*, de Lemaître, Leveau dit au marquis que la noblesse
est pourrie et ne survit que par « la sottise et la lâcheté des
démocrates qui la jalousent, mais qui voudraient avoir l'air
d'en être (1) ». De Grégenoy, dans *Israël*, de Bernstein,

____

(1) Bréhant, dans *L'armature*, est un exemple poussé au plus ridicule de
ce type de bourgeois qui voudrait être de la noblesse.

dit que la noblesse, en tant que noblesse, ne signifie plus rien
aujourd'hui ; il se considère lui-même comme un bourgeois,
et dit qu'il n'y a plus que deux partis, les bourgeois et les
basses classes. Dans le cas d'une révolte de ces dernières,
on pendrait nobles et bourgeois sans distinction.

Nous pouvons donc grouper les nobles et les grands bourgeois ensemble, tels qu'ils apparaissent dans nos pièces.
Le baron de Rysbergue, dans *Maman Colibri*, de Bataille,
n'a pas oublié qu'il y a des traditions aristocratiques (voir la
fin de la pièce), mais sa vie est celle d'un homme d'affaires,
et il ressemble à un type assez familier du « big business man »
américain. Il veut donner le luxe à sa famille, mais il n'a pas
besoin d'apparat lui-même, encore moins en sent-il le besoin
comme un devoir, à l'instar du marquis dans la pièce de
Bourget : au contraire, il dit : « Moi, je vivrais avec un lit,
une table, et une chaise. » Dans sa manière de vivre, il n'y a
rien qui le distingue d'un personnage aussi bourgeois que
Ernstein, dans *L'autre danger*, de Donnay. Dans certaines
pièces, telles que *Les affaires sont les affaires* ou *Le député
Leveau*, nous voyons même des nobles qui se mêlent de
politique.

Oui, c'est bien l'argent qui marque les aristocrates d'aujourd'hui. Ceux qui le possèdent savent leur puissance, et
le nouveau type bourgeois n'est pas un maladroit, timide,
sans assurance, ou ridicule, comme les Poirier et les Perrichon. C'est un type plutôt à craindre, un homme fort et qui
sait user et même abuser de sa force. Mais avant de le regarder de plus près, parlons un peu de ce qui fait sa puissance,
l'argent.

A propos de *La course du flambeau*, le critique Lucien
Muhlfeld, qui considérait cette pièce comme une exception,
écrivit : « L'argent, symbole actuel de la puissance, prend
une place colossale dans la vie, et tient une place infime dans
le théâtre (1). » Et René Doumic dit au sujet de la même
pièce : « Justement par souci de la réalité le drame bourgeois

(1) *Recueil Stoullig*, 17 avril 1901.

doit faire à l'amour et à l'argent la place qu'ils occupent dans la vie, c'est-à-dire restreindre infiniment celle de l'amour et donner toute l'importance à une question qui s'impose à tous, tous les jours et sous toutes sortes de formes (1). »

Cependant, nous avons vu que Jullien, déjà en 1892, disait que l'argent occupait, après l'amour, une place prépondérante au théâtre (2). Dans *Les corbeaux*, de Becque, il y a peu d'autre chose. Dans *L'argent*, de Fabre, le titre ne trompe pas sur le sujet principal de la pièce. On peut citer aussi *Le bien d'autrui*, du même auteur ; *L'engrenage* et *Les trois filles de Monsieur Dupont*, de Brieux ; *Le repas du lion*, de Curel ; *Le prince d'Aurec*, de Lavedan ; *La veine*, de Capus, et aussi le premier véritable succès de Brieux, *Blanchette*. Dans toutes ces pièces l'argent joue un rôle très important, suffisamment important pour nous porter à croire que Muhlfeld a exagéré en disant qu'il tient une place infime dans le théâtre. Cette affirmation serait encore moins vraie depuis 1901. Dans les pièces de Fabre, surtout, l'importance de ce thème, l'argent, éclipse même celle de l'amour. Dans *Un grand bourgeois*, nous voyons que la nouvelle noblesse a ses sentiments d'orgueil aristocratique tout comme l'ancienne. Matignon, le « grand bourgeois », dit à sa fille : « Vous êtes mademoiselle Matignon. Vous allier à un homme sans position, sans fortune, serait déchoir. »

Dans le théâtre de Capus, l'argent est un mobile à peu près aussi puissant que l'amour, ou peu s'en faut. Seul il rend possible des personnages comme M. Piégois, ou comme Brassac dans *La bourse ou la vie*, ou Cabaniès dans *Hélène Ardouin*. Dans ses pièces, les joueurs foisonnent, et la question d'argent préoccupe tout le monde (3). Bernstein aussi donne à l'argent une influence importante, surtout dans *La griffe*, *Le voleur*, *Samson*, *La rafale*, et au degré suprême

(1) *Le théâtre nouveau*, 1908, article sur cette pièce.

(2) *Le théâtre vivant*, pp. 37-38.

(3) « L'argent dans ses pièces ne tient pas moins de place que dans la vie : c'était là encore une originalité. » (« Alfred Capus », par André Rivoire, *Revue de Paris*, 15 nov. 1902).

CLIFFORD BISSELL.

dans *L'assaut*, où toute la pièce tourne sur une question d'argent et où l'amour, qui est par exception doux, pur et désintéressé, n'a qu'un rôle subordonné.

Revenons maintenant du général au particulier, de l'argent au type spécial de bourgeois que l'argent a créé. C'est un homme qui manie des sommes immenses, qui a des ramifications internationales, qui pour accroître sa fortune et sa puissance, ou pour écraser un rival, entreprendra des affaires louches, corrompra des fonctionnaires, fera révolter des chefs arabes, tuera des gens au besoin : il est sans scrupules et étranger aux sentiments délicats et raffinés. Pierre Hountacque, dans *Pierre et Thérèse* de Prévost, est un de ces hommes impérieux et dominateurs, mais il est encore accessible aux tendresses et aux remords, tandis que la peur seule peut arrêter des hommes comme le baron de Thau et le baron d'Urth, dans *Les ventres dorés* de Fabre, le baron de Saffre dans *L'armature* de Brieux, Lebourg dans *La rafale* de Bernstein, Matignon dans *Un grand bourgeois*. Et rien, ni la peur ni la douleur, n'arrête le plus fameux de tous ces types, Isidore Lechat, dans *Les affaires sont les affaires*, de Mirbeau. D'aucuns ont accusé l'auteur d'avoir créé dans le personnage de Lechat un monstre. Il proteste : « C'est simplement un homme dominé par une passion. Si cette passion était l'amour, on trouverait cela tout naturel ; mais c'est d'une autre passion qu'il s'agit — et l'on crie à la monstruosité (1). » Léopold Lacour en dit : « Lechat, c'est une force, parce que c'est une passion : de même qu'il y a des amoureux de l'amour, il y a des amants frénétiques de l'or. Lechat est un de ces frénétiques. Aussi a-t-il pu être criminel, la conscience tranquille. Conscience et passion ne font qu'un dans son âme rudimentaire (2). » Que Lechat soit ou ne soit pas un monstre (3), les gens qui en font un reproche à l'auteur

(1) Cité par de Flers, dans *Recueil Stoullig*, 3 mai 1903.

(2) « Le théâtre d'Octave Mirbeau », *Revue de Paris*, 15 mai 1903.

(3) Lechat ne paraît pas un monstre sur la scène, surtout à la fin de la pièce. Séché et Bertaut veulent même qu'il soit un « personnage sympathique » ! (*Op. cit.*, p. 212).

ne devraient pas être ceux qui admettent sans broncher des personnages comme Le Govain dans *Samson*, Maurice Royère dans *Joujou*, ou Prieur dans *Le passé*. Ils ne sont pas moins monstrueux que Lechat (1), et ce dernier, du moins, a fait construire des choses solides, tandis que les autres, même s'ils n'étaient pas malfaisants, resteraient des êtres parfaitement inutiles et nuls. Nous trouvons deux faibles reflets de Lechat dans les personnages de Biron (avec l'amour en plus, chose qui aurait diminué Lechat) dans *Le foyer*, et de Bridou. dans *Les deux hommes*.

Mais la plupart de ces grands financiers ne sont pas dominés par une seule passion, comme Lechat. Le baron de Saffre est un débauché ; Biron couve une passion pour la femme du baron de Courtin ; Jacques Brachart, dans *Samson*, est follement amoureux de sa propre femme, qui ne l'a épousé que pour son argent. Brachart est clairement un « personnage sympathique » dans la pensée de l'auteur ; comme Lechat et comme Hountacque, il est un « self made man ». Rantz, dans *L'enfant de l'amour*, de Bataille, est millionnaire et en même temps un débauché de première classe.

Ces hommes aiment à montrer leur puissance, surtout vis-à-vis de nobles qui osent encore se croire des personnages d'importance. Forou, ancien maquignon devenu millionnaire (dans *Le marché* de Bernstein), qui possède une demi-douzaine d'automobiles de cent quarante chevaux, voit que du Prancey, aristocrate arrogant et malhonnête, se conduit d'une manière qui ne lui plaît pas ; il lui adresse des avertissements péremptoires, devant lesquels le noble se fait très petit garçon. Lechat se délecte à humilier le marquis de Porcellet, qui a beau tâcher de maintenir sa dignité d'aristocrate en face de son besoin pressant d'argent ; Lechat trouve aussi un plaisir constant à insulter son intendant, le

(1) François Prieur lisait les lettres d'amour, que Dominique lui avait envoyées, à d'autres hommes et à des cocottes ; quelquefois il se les faisait lire par un domestique.

vicomte de Fontenelle, que la pauvreté a amené à cette situation servile (1). Cette attitude de la part de nos millionnaires est d'autant plus naturelle que la plupart sont des parvenus : tels ceux dont nous venons de parler, tels Lebourg, Rantz, Strohmann, et presque tous les millionnaires de Donnay, les Prunier, les Ardan, les Ratinel, les Raidzell, les Schlam, les Steinbacher, que nous ne voyons pas tous sur la scène. Quelquefois, malgré tout, ils se trouvent aux prises avec la loi. Ardan, dans *La douloureuse*, n'échappe aux conséquences que par le suicide ; Bourgade, dans *Après moi*, est sur le point de suivre le même chemin, lorsqu'une découverte imprévue l'arrête ; Reynard, dans *L'argent*, qui s'est enrichi en frelatant le chocolat qu'il fabrique, craint la révélation de ce fait.

Le type du grand industriel, ou du grand commerçant, ou du grand financier, est vraiment devenu un poncif. Il se retrouve un peu partout. Les exemples que nous avons nommés sont des hommes à craindre, à détester, ou à mépriser moralement, mais il y en a une foule d'autres qui, tout en étant riches et importants, ne sont pas redoutables ou méchants ; il y en a même de bons. Stangy, dans *La course du flambeau*, est un millionnaire ; on dit que « son activité brasse une foule de capitaux ». Dans *Les éclaireuses*, de Donnay, quelqu'un dit de Dureille : « Il est ambitieux, il agrandit constamment ses ateliers ». Dans *En garde !* nous apprenons que Brancour « a deux mille ouvriers sous ses

---

(1) Un vicomte domestique d'un vulgaire bourgeois, cela peut arriver dans la vie ; témoin, pour une chose du même genre, ce passage tiré de l'édition parisienne du *New York Herald* du 17 sept. 1923 : « Vicomte Ruffier des Aimes is dead. He died yesterday, at the age of sixty, at the Hôtel-Dieu, the oldest Paris hospital. Vicomte Ruffier des Aimes met his death while exercising his profession. He had just stepped off the curb when a motor wagon loomed. The vicomte tried to retreat, but he was handicapped both by his age and by his profession. Strapped to his back was a ponderous poster proclaiming the quality of the food at a modest little restaurant in the vicinity. The poster was too heavy and the motor wagon too fast. The profession of the sandwichman is a sinecure on the sidewalk, but not off it. The identity of Vicomte Ruffier des Aimes, once a wealthy man, was not learned until his death in the charity ward. »

ordres ». Bien entendu, on trouve des hommes d'affaires importants dans des pièces qui traitent de la question des rapports entre le capital et les classes ouvrières, telles que *Les mauvais bergers*, de Mirbeau, *La barricade*, de Bourget, et *Le repas du lion*, de Curel. Dans *La châtelaine*, de Capus, André de Jossan est un type du grand homme d'affaires si artificiel et insincère que Doumic fit la remarque : « Nous apprenons avec un réel plaisir qu'il est bien plus facile qu'on ne croit de devenir un grand industriel : il suffit de le vouloir (1). »

A côté des actifs, les oisifs. Dans un assez grand nombre de pièces nous trouvons le type du vieux débauché, je veux dire le type qui n'est rien que cela. Un des premiers est le père dans *L'école des veufs*, d'Ancey, ce père qui partage sa maîtresse avec son fils. Dans *Le bonheur*, de Guinon, le vieux Liverdun érige la débauche en système philosophique, et la pratique en compagnie de son fils : « Là, aussi, dit-il, il y a la manière... je n'ai horreur que de ce qui est grossier. » Un exemple comique est le marquis de la Tourmirande dans *Miquette et sa mère*, qui à la fin de la pièce devient subitement un homme de conduite et de principes irréprochables. Quelquefois le vieux débauché a une fille. Tel Nerval, dans *La plus faible*, de Prévost, ou Margès père, dans *Paraître*, de Donnay, ou le comte de Vaneuse, dans *L'âge difficile*, de Lemaître ; là on peut dire « tel père, telle fille ». Et bien entendu, il y a des célibataires, ou des hommes mariés mais sans enfants, comme Letourneur dans *La veine*, Hélion dans

______

(1) *Le théâtre nouveau*, p. 248. Voici quelques autres exemples du type : Ernstein, dans *L'autre danger* ; Jacques, dans *Le pardon* ; Chambray, dans *L'âge difficile* ; Raymond Lagardes, dans *Le voleur* ; Férioul, dans *Le scandale* : Lechâtelier, dans *La marche nuptiale* ; Armières, dans *La maison d'argile* ; Rougier, dans *Le partage* ; Bourneron, dans *L'enfant chérie*.

Pourquoi ne nous montre-t-on pas d'exemples du grand industriel philanthrope, du millionnaire bienfaisant, de l'homme riche qui fonde des hôpitaux, qui fournit son apport aux recherches scientifiques, qui dote les œuvres de charité ? Je ne parle pas des *Bienfaiteurs* de Brieux, pièce écrite dans un but spécial, mais en général, le théâtre contemporain nous montre les hommes riches intéressés seulement à gagner l'argent, et non pas à l'employer.

Rosine, et Langeac dans *L'amour défendu* ; ce dernier, qui est le parrain de la jeune femme, Madeleine, revient du Japon, et ses impressions de voyage se résument dans un enthousiasme sans bornes pour le Yoshiwara, le quartier des prostituées à Tokio. Tous ces types se ressemblent plus ou moins. Quelques-uns sont plus vicieux et méchants que d'autres, suivant qu'ils sont plus ou moins esclaves de la débauche ; quelques-uns sont raffinés, comme le marquis de Priola dans la pièce de ce nom, ou bonshommes, comme Langeac, tandis que d'autres sont tout à fait grossiers.

A côté de ces types du vieux débauché, nous en trouvons un autre qui paraît spécial à la scène française ; je ne l'ai pas trouvé dans le théâtre allemand, et il serait bien dépaysé dans le théâtre anglais ou américain. C'est l'amant professionnel, l'homme qui fait une profession de l'amour, mais sans souffrir de l'opprobre qui accompagne la prostituée. Nous en avons déjà vu quelques exemples, dont les plus frappants se trouvent dans le théâtre de Porto-Riche (1). Ce sont des êtres qui n'ont même pas le sens moral. François Prieur, dans *Le passé*, est absolument sans conscience ; il ne cherche qu'à satisfaire son plaisir sensuel, et hors de cela, rien n'existe pour lui. A la fin de la pièce, quand Dominique le rejette, elle craint qu'il ne se tue, mais Maurice la rassure avec ces mots : « Avant quarante-huit heures, il rencontrera une jolie femme quelconque et il poursuivra sa carrière d'amant. » Augustin, dans *Le vieil homme*, est déjà lancé dans la carrière à quinze ans ; ne le dit-il pas à sa mère ? Il donne même l'impression d'être plus vicieux que Prieur, car il veut consciemment faire le mal en satisfaisant ses désirs (2). Dans *Les marionnettes*, de Wolff, il y a un amant professionnel qui a dépassé la cinquantaine, Nizerolles ; il ne se rappelle les villes qu'il a visitées que par les femmes qu'il y a connues,

---

(1) A. Rivoire dit que tous les hommes de Porto-Riche sont le même homme, l'homme du désir. (« Le théâtre d'amour », *Revue de Paris*, 1er fév. 1911).

(2) Voir le chapitre précédent.

et encore en oublie-t-il quelquefois les noms. On l'appelle
l'éternel amant. Dans *Amants*, de Donnay, il y a un argument
au sujet de l'amour comme profession. Sambré croit qu'il
existe dans le monde bien des choses plus intéressantes et
plus dignes d'être étudiées ; Vétheuil défend sa propre
carrière, qui est celle d'amant. « Toute aventure d'amour,
dit Sambré, se ramène à l'adultère irréductible. » Vétheuil en
convient, mais ajoute : « Vous oubliez qu'on naît amant
comme on naît musicien, peintre ou poète. » — « Ou rôtis-
seur ! » répond Sambré. Mais Vétheuil lui dit que son prétendu dédain de l'amour résulte uniquement de ce qu'il n'a
jamais su l'inspirer, et parle de « sensations, émotions,
ivresses, volupté », en citant Alfred de Musset. Ce Vétheuil,
cependant, n'est pas lui-même un véritable amant-né, car
il finit par s'en aller avec un explorateur, et quand il revient,
il trouve que ses anciens associés sont « des pantins ridicules ».
Un vrai amant de profession n'aurait pu faire cela, mais on
se demande quand même comment il arrive qu'un explorateur ait recherché, ou accepté, un homme comme Vétheuil
pour son expédition.

Séché et Bertaut, en parlant d'une période immédiatement antérieure à celle que nous discutons, donnent des
exemples de plusieurs poncifs, tels que l'ingénieur bienfaisant, l'explorateur, l'Américain riche aux idées larges
et saines, aux déplacements merveilleux. On n'en trouve plus
beaucoup. L'Américain existe encore, mais diminué ; ce
n'est plus un génie bienfaisant des Mille et une Nuits. Il ne
lui reste que son argent et sa façon de faire les choses en
grand. Dans *La course du flambeau*, Stangy tient un peu de
l'ancien type : on dit de lui que « son activité brasse une foule
de capitaux », qu'il mène des entreprises « avec le geste large
qu'on a dans le Nouveau Monde », et on fait allusion à « la
façon américaine dont il pratique l'art des déplacements ».
Dans *L'émigré* nous rencontrons un Canadien, Michelot,
qui arrive toujours à l'heure exacte aux rendez-vous d'affaires,
qui est toujours pressé, et qui n'a jamais le temps pour les
causeries. Dans *La Française*, de Brieux, et *La barricade*,

de Bourget, il y a des Américains riches, mais dans *Vers l'amour*, de Gandillot, nous voyons un Américain qui fréquente Montmartre et en connaît le langage mieux que la plupart des Parisiens, et dans *Le phalène*, de Bataille, il y a un passage romanesque sur le tombeau d'un poète américain en Sicile. Ce n'est plus du tout dans la tradition !

Quant aux Américaines, la tradition les montrait sur la scène comme des créatures fraîches et délicieuses de pureté, qui par leur présence dissipaient les miasmes de la société pourrie du Vieux monde, en rendant l'idée de la moralité à des gens qui l'avaient oubliée. C'était un type conventionnel, dont on trouve un seul exemple dans notre liste de pièces, celui de Lilian Branksmere dans *La meute* d'Hermant. Après cela, il y a un brusque revirement, difficile à expliquer. L'Américaine n'échappe pas à la convention, mais c'est une convention tout autre que la première : maintenant, quand on rencontre une Américaine, elle est généralement la maîtresse d'un Français. Il y a Miss Tipson, une des trois maîtresses de Georges dans *L'âne de Buridan*, Miss Deacon, dans *Maman Colibri*, une Américaine anonyme qui est une des nombreuses maîtresses de François Prieur dans *Le passé*, une autre qui est mentionnée dans le premier acte d'*Amants* ; dans *L'habit vert* (de Flers et Caillavet), la duchesse est une Américaine qui est poussée de temps à temps par une impulsion irrésistible à devenir la maîtresse de quelque homme qu'elle voit pour la première fois.

Ce fait est d'autant plus curieux que les dramaturges semblent avoir nettement distingué entre l'Américaine et l'Anglaise. On ne trouve pas un seul exemple d'un homme ayant une Anglaise comme maîtresse. La réputation de froideur qu'a la femme anglaise est bien maintenue. Dans *L'âne de Buridan*, Georges fait allusion à « une dame anglaise avec qui j'étais seul dans le compartiment », et Lucien répond : « On est toujours seul avec une dame anglaise ». Dans *Les paroles restent*, d'Hervieu, il y a même une dame anglaise, Lady Bristol, qui demeure à Paris depuis des années et qui parle parfaitement le français, mais qui ignore à peu près tout des liaisons sexuelles dont les Parisiens, au dire d'eux-mêmes, s'occupent continuellement (p. 56).

Un autre type, qui se rapproche un peu de l'ingénieur mais qui est plus nouveau, est celui de l'employé dans une usine, homme plus habile que son patron, car c'est lui qui perfectionne les machines et qui en augmente le rendement par des moyens que le patron n'aurait jamais imaginés. Lemaître a introduit ce type dans deux pièces ; les relations entre Jacques, le maître, et Paul, l'employé, dans *Le pardon*, et celles entre Chambray, le maître, et Pierre, l'employé, dans *L'âge difficile*, sont presque identiques. Dans les deux cas, le maître a inventé quelque chose, mais l'employé l'a amélioré. Dans *Hélène Ardouin*, de Capus, Sébastien Réal, employé chez un fabricant de machines agricoles, « a apporté dans les machines quelques perfectionnements très ingénieux ». Dans *La maison d'argile*, on nous donne même le nom du perfectionnement que Rouchon a inventé pour la fabrique d'Armières : ce sont des « trains reversibles ». Dans *Georgette Lemeunier*, de Donnay, Lemeunier a inventé une chaudière électrique ; sa femme dit qu'il est devenu un inventeur célèbre. Dans *La Française*, par exception, c'est Pierre lui-même qui applique des procédés ingénieux dans son usine.

Le Juif est un type fréquent, et un des plus conventionnels de tous. Il y a beaucoup de juifs dans nos pièces, mais il n'y en a qu'un aux sentiments élevés, Lazare Hoendelssohn dans *Le retour de Jérusalem*, de Donnay. Justin Gutlieb, dans *Israël*, pièce d'un auteur juif, n'est pas antipathique ou ridicule, mais c'est un type assez familier et conventionnel du juif qui amasse des richesses. Partout ailleurs on trouve le juif associé à l'argent et à la Bourse, ou à des prétentions mondaines. De Flers et Caillavet ne tarissent pas de plaisanteries sur ce sujet. Dans *L'âne de Buridan*, le curé baptise le yacht d'un juif. Dans *L'amour veille*, Mme Isaac Salomon donne cinq cents francs pour remplacer la cloche de l'église. Dans *Monsieur Brotonneau*, Herrer était juif de religion, mais il avait élevé un de ses fils dans le catholicisme, l'autre dans le protestantisme ; ne sachant pas

laquelle était la meilleure des deux religions, « il se couvrait ».
Dans *Le bois sacré*, il y a la conversation suivante :

— Vous connaissez Moïse ?
— Il est à la Bourse ?
— Non, il est dans l'histoire sainte.

Dans *La vie publique*, de Fabre, un personnage du nom de
Lévy montre à tout propos son dévoument au parti clérical
et se vante d'avoir à Rome des amis influents dans l'Eglise.
Bataille, dans *La femme nue*, fait allusion à un homme qui
s'appelle Bertrand, mais qui a pris le nom d'Arnheim « pour
mieux épouvanter le marché ». Dans *L'enchantement*, il y a
une juive, Mme Heiman, dont on dit : « Il n'y a que des
israélites pour devenir des amis intimes en cinq minutes. »
Bernstein, juif lui-même, a très peu à dire sur les juifs hors
de sa pièce *Israël*. Dans *La rafale*, il fait parler Amédée avec
mépris de quelqu'un qui « rougit d'être juif ». Dans le premier
acte de *La douloureuse*, de Donnay, on s'égaie, avec un esprit
un peu lourd, aux dépens d'un juif nommé Flock, qui veut
paraître très parisien, mais sans le moindre succès. Les
autres, vrais Parisiens, essaient de faire de l'esprit en dé-
formant son nom, et ils l'appellent tour à tour Stock, Trock,
Cloque, Tock, et Lévy ; l'un d'eux va jusqu'à faire allusion
aux vieux parents de Flock « là-bas », et à la question « Où ? »
de Flock ébahi, il répond : « A Berlin ». Mais Donnay ne fait
dire à personne directement que ce Flock est un juif, pas plus
qu'il ne désigne ouvertement comme des juifs divers autres
personnages dans ses pièces qui portent les noms de Schlam,
Ernstein, etc. Dans *Les éclaireuses*, le banquier Steinbacher a
une femme qui s'appelle Rebecca, et possède, comme il nous
le dit lui-même, un profil hébraïque. Le type familier du
parvenu juif se retrouve dans le baron de Horn (*Le prince
d'Aurec*), et dans Strohmann père et fils, surtout dans le
père (*Décadence*).

Donnay nous présente un type spécial et tout à fait
parisien. C'est le moqueur cynique et spirituel, qui laisse
tomber des observations satiriques ou sarcastiques, généra-

lement très personnelles et souvent très cruelles. Il est quelquefois un désœuvré, comme Listel dans *L'affranchie* ; quelquefois il a une occupation, comme le journaliste Yorick Lambert dans *La douloureuse*, dont la spécialité est de faire ses remarques « avec un terrible sourire de côté », mais ils ont tous ceci de commun, qu'ils connaissent tous les cancans sur tout le monde. Quelquefois ils ont des satellites, comme Chérange et Damornay, dans *L'affranchie*, ou Cresson et Lubin, qui s'enivrent au premier acte de *La douloureuse*. On trouve des variations du type dans des personnages comme Ravier dans *Amants*, Le Graffier dans *Paraître*, et Saint-Phoin dans *Le torrent*, Toujours ils servent à fournir l'esprit dont les pièces de Donnay sont si largement pourvues, et à propager des discussions sur des sujets d'actualité sans nombre, discussions animées et divertissantes, mais qui n'aboutissent jamais à rien. Hors de cela, ils ne jouent aucun rôle dans l'action. Ce sont des personnages de convention, parce qu'ils se répètent presque régulièrement, mais Donnay n'a imité la convention de personne.

La politique se rencontre très souvent dans les pièces contemporaines, mais la propagande politique manque. On évite de se prononcer sur les différentes formes de gouvernement. Dans *L'affranchie*, de Donnay, il y a une discussion amusante entre Damornay, vieux « républicain aristocratique », et Listel, le blagueur parisien ; dans *Georgette Lemeunier*, on parle du « Prince », dont le portrait doit être affiché partout dans Paris et qui va « faire acte de prétendant », nous ne savons comment ; dans *La vie publique* de Fabre, nous trouvons un royaliste extravagant, de Riols. C'est tout ce qu'il y a sur le royalisme. Il n'y a pas non plus de socialisme, quoi qu'il y ait des socialistes. Dans *Après moi*, Bernstein fait dire à la duchesse de Mirail (p. 88) : « C'est ma chanson à moi, la Carmagnole. Je suis socialiste, vous savez ! » et quand il fait parler Grégenoy dans *Israël*, c'est encore la même erreur, qui confond les socialistes avec les anarchistes. Dans sa pièce *La griffe*, Cortelon dirige un journal socialiste, puis l'abandonne. Dans *Le foyer*, de Mir-

beau et Natanson, Courtin a peur du socialisme ; il dit (p. 12) :
« C'est qu'il séduit tous les jeunes gens. » Cela peut être vrai,
mais nous n'en voyons aucune évidence ailleurs. Dans les
pièces comme *Les mauvais bergers*, on entend nécessairement
parler un peu de socialisme, et dans *Paraître*, Paul Margès
est un député socialiste, mais la pièce marcherait tout aussi
bien s'il ne l'était pas.

Le type du député est des plus fréquents. Filon a beau dire,
dans son Livre *De Dumas à Rostand*, que le pays s'est lassé
de voir ces gens-là au théâtre, il est démenti par les faits.
D'ailleurs, député, sénateur, préfet, ministre, on ne peut pas
faire de distinction entre ces différents aspects du même
personnage, c'est-à-dire du politicien. Il y a des pièces de
pure politique, comme *L'engrenage* de Brieux, *La vie publique* de Fabre, *La crise* de Bourget et Beaunier, *La poigne*
de Jullien, *Le député Leveau* de Lemaître, *Les vainqueurs*
de Fabre ; dans d'autres, la politique ou les politiciens jouent
un rôle plus ou moins important. Et le politicien (sauf Bernard, dans *La crise*) n'est jamais honnête et sincère (1). Il
est égoïste, « roublard » comme Leveau dans *Le député Leveau*,
Mondoubleau dans *La robe rouge*, Midasse dans *Georgette
Lemeunier*, Bréautin dans *L'adversaire*, Brignac dans *Maternité* ; quelquefois il est plus méprisable , comme Adolphe
Censier dans *Ces messieurs*, qui voudrait faire enfermer un
proche parent dans une maison d'aliénés plutôt que de
courir les risques de perdre la réélection. Plantin est un
député comique dans *Les maris de Léontine*, et dans *Le
bourgeois aux champs*, de Brieux, l'auteur est satirique ; il nous
montre un homme qui tente des efforts désintéressés pour le
bien des paysans, efforts qui ne lui attirent d'autre récom-
pense que leur haine, mais ensuite il se pose comme candidat
à la députation et harangue la foule suivant les méthodes

(1) Mérial, dans *L'assaut* de Bernstein, paraît honnête, mais son passé
n'est pas sans tare. Paul Margès, dans *Paraître*, commence par être honnête, mais ne le reste pas. Dans *Les ventres dorés*, Mme Vernières dit que
son mari a fait partie du fameux ministère qu'on a appelé le ministère des
honnêtes gens ; « il a duré trente-sept jours. »

traditionnelles (presque la même situation qu'à la fin de *L'engrenage*), et aussitôt tous les paysans d'applaudir.

Il y a des situations dans diverses pièces qui reflètent les malentendus entre l'Église et l'État, mais sans prendre parti ouvertement. Dans *Les ventres dorés*, de Fabre, deux directeurs se jettent des injures, dont la suivante : « Vous avez le mauvais œil. D'ailleurs quand on va à la messe tous les matins... » Dans *La crise*, de Bourget et Beaunier, Suzanne Landin promet qu'elle n'assistera pas à la messe si son mari obtient un portefeuille de ministre, et elle est certaine, vu les circonstances, que le bon Dieu ne lui en voudra point. Dans *Miquette et sa mère* (de Flers et Caillavet), il y a un sous-préfet qui prévient Mme Grandin qu'elle fera bien de ne pas aller à la messe si elle veut garder son débit de tabac. Il y va souvent lui-même, mais c'est pour épier ses subordonnés ; malheureusement pour lui, on l'a épié aussi, et le gouvernement lui retire son poste. Les aristocrates, comme on s'y attendrait, sont les alliés de l'Église ; tel Thibault de Clar, dans *Israël*, qui mène sa campagne anti-sémitique au nom de la religion ; tels le marquis de Claviers-Grandchamp dans *L'émigré*, qui s'oppose à ce que l'État fasse un inventaire des biens de l'Église de son village, ou le duc et la duchesse de Charance dans *La vierge folle*, qui appellent un prêtre et veulent enfermer leur fille dans un couvent, ou la marquise dans *Les maris de Léontine*, et Mme Villard-Duval dans *Le dédale*, qui n'admettent pas le divorce. *Un divorce*, de Bourget, est une pièce de propagande par un bon catholique contre le divorce.

On ne voit pas, par le fait de la séparation de l'Église et l'État, des pièces anti-cléricales, comme il en parut après la révolution de 1830 (1). La pièce la plus audacieuse est *Ces messieurs*, de Georges Ancey, qu'on peut qualifier d'attaque contre l'Église. Il est vrai qu'on y voit un prêtre vertueux et dévoué à Dieu, mais ce prêtre, Morant, reste pauvre et obscur, et ses supérieurs dans la hiérarchie considèrent la

____

(1) Souriau, *Op. cit.*, p. 275.

vie qu'il mène comme une preuve de son manque d'intelligence ; ce n'est pas un homme comme celui-là qui accroîtra le pouvoir et le prestige de l'Église. A côté de lui nous voyons Nourrisson, abbé jaloux et malveillant, et l'abbé Thibault, le personnage principal, qui est faible plutôt que foncièrement mauvais. Incité par sa ménagère Mme Bernat, qui lui dit que le sacerdoce est « un métier comme un autre », il abuse de son influence sur Henriette Vernet pour lui faire contribuer de fortes sommes à des « œuvres de piété », dans le but d'attirer sur lui-même l'attention de l'évêque et de se faire avancer. L'auteur nous donne quelques pages de sophismes et de casuistique de la part de l'évêque, de Thibault, et de Nourrisson, et Henriette n'est sauvée à la fin que par son frère, un anti-clérical. L'évêque est mondain et ambitieux, et il sait fermer les yeux sur des indiscrétions de ses prêtres (même quand elles prennent la forme de séjours nocturnes à Paris avec des femmes), tant qu'il n'y a pas de scandale. Et ces prêtres admettent même qu'ils n'ont plus la foi.

D'autres pièces, sans être anti-cléricales, ont montré des prêtres sous un jour défavorable. L'évêque dans *La vie publique*, l'abbé Laroze dans *Le foyer*, même le jésuite dans *Israël*, qui, lui aussi, a abusé de son influence sur une femme, sont de ce type. Quant aux pièces plus légères où nous trouvons des prêtres, il faut se garder de prendre ceux-ci au sérieux. Le cardinal dans *Primerose* a les idées un peu trop libérales ; l'abbé Merlin dans *L'amour veille* est un type comique-sympathique, et dans *Le bourgeon*, le curé qui lit *Le Rire* aussi régulièrement que son bréviaire et le loue devant tout le monde est par trop extravagant.

Il y a très peu de variété dans les types de femmes. Polti s'en plaint : selon lui, pour chaque type masculin dans la vie réelle il y a un type féminin, mais sur la scène, une femme n'est considérée que comme une créature sexuelle (1). C'est parfaitement vrai, quant à la dernière partie (2) ; d'autre

(1) *L'art d'inventer les personnages*, p. 8.
(2) Séché et Bertaut disent (*Op. cit.*, p. 143) : « Il est admis aujourd'hui qu'une femme n'est intéressante sur la scène que si elle a commis, commet

part, Séché et Bertaut trouvent que « les femmes présentent des types beaucoup moins tranchés que les hommes... il y a, avant tout et surtout la femme, avec un ensemble de défauts et de qualités qui est bien à peu près le même chez la plupart (1). » Cela aussi est vrai, si l'on considère les personnages du point de vue de Diderot, qui demandait qu'on montrât les types suivant leurs états ou leurs professions plutôt que suivant leurs caractères. Mais quand nous entendons dire qu'il y a avant tout et surtout un type femme, et que la plupart des femmes ont à peu près les mêmes qualités et défauts, rappelons-nous que ce sont des hommes qui parlent. Demandez à une femme ; elle dirait peut-être la même chose au sujet des hommes. Toujours est-il certain que la femme, sur la scène contemporaine, a peu d'importance en dehors de sa nature sexuelle. Fabre, dans *L'argent* et *Les ventres dorés*, a montré la femme dépensière et avide de luxe, qui ruine son mari. Quelques femmes de Donnay , comme Mme Hurtz, la Tunisienne littéraire, et les féministes dans *Les éclaireuses*, nous semblent originales au premier abord, mais nous voyons bientôt que l'auteur, s'il fait plus que de les ébaucher, ne s'intéresse à elles que sous le rapport sexuel. La vieille fille mériterait d'être étudiée, mais je n'en trouve que deux exemples saillants : une vieille fille sympathique dans *Hélène Ardouin*, de Capus, et une vieille fille aigre et détestable dans *Le bercail* de Bernstein.

La femme comme mère a cependant une importance

ou va commettre une faute ». Quelquefois, dans les pièces, on commence à parler d'une femme précisément parce qu'elle est restée vertueuse dans le sens étroit du mot, et on explique toujours que c'est parce qu'elle a une nature froide ; évidemment, on ne conçoit pas qu'une femme puisse être vertueuse pour une autre raison. D'ailleurs, des remarques de ce genre sont toujours un signe précurseur que la femme dont on parle va démentir par ses actes cette réputation de vertu. Pour des exemples, v. Irène dans *Après moi*, Hélène de Bréchebel dans *La rafale*, et Irène de Rysbergue dans *Maman Colibri*. Henri Bordeaux (dans *La vie au théâtre*, 2º série, p. 130), fait un contraste entre l'héroïne de *Sophonisbe*, de Poizot, et « ces petits animaux excités que tant de spectacles nous présentent sous le nom de femmes ».

(1) *L'évolution du théâtre contemporain*, p. 252.

spéciale. Dans la tradition littéraire, en France et ailleurs, une mère était un personnage sacré. Des mélodrames sans nombre, et des pièces d'une plus haute portée (comme certaines de Voltaire), nous avaient montré des scènes de reconnaissances touchantes où une mère et son enfant, qui s'étaient ignorés ou méconnus réciproquement, obéissaient finalement à la « voix du sang » et se jetaient avec transports dans les bras l'un de l'autre. C'est à notre théâtre contemporain que revient le mérite d'avoir mis fin à cette ridicule convention, à laquelle pourtant le public était si attaché par l'habitude que l'attaque rencontra des obstacles et des objections. A propos de *La course du flambeau*, Faguet écrivit (*Journal des Débats*, 22 avril 1901): « Le public, même de roman, permet qu'un père ne soit pas sympathique et ne permet pas qu'une mère ne le soit pas. Quand il voit que Mme de Revel, en réalité, n'aime qu'elle-même et que son amour maternel n'est qu'une forme monstrueuse de l'amour-propre, alors, quoique ce soit une vérité, il se cabre parce qu'il n'aime pas qu'une mère soit odieuse ; il est furieux contre Mme de Revel quand elle pleure du départ de sa fille, *beaucoup plus* qu'il ne lui en voulait de tous les crimes du monde commis pour son enfant ». Doumic dit de cette même Mme Revel (*Le théâtre nouveau*, p. 13) : « Nous découvrons que cette mère aimait sa fille surtout pour la douceur de l'avoir à elle, auprès d'elle, et que cet amour passionné n'était donc en fin de compte qu'une forme déguisée de l'égoïsme. »

Mais l'égoïsme de cette mère est peu de chose à côté de celui de Mme de Voves, dans *Révoltée*. Quand Hélène découvre que Mme de Voves est sa mère, elle dit : « Je ne sens absolument rien. » Auguste Vitu s'en scandalisa. Voici comment il en parle : « Le pessimisme a étouffé jusqu'au sentiment primordial de l'amour filial. Le personnage est sans doute fort curieux au point de vue de la psychologie, mais au point de vue dramatique, il est parfaitement monstrueux, et par conséquent peu intéressant (1) ». Mais c'est plutôt ce commen-

____

(1) *Recueil Stoullig*, avril 1889.

taire qui est curieux. Pourquoi ce critique croit-il qu'Hélène
est monstrueuse ? Il n'applique pas cet adjectif à la conduite
de la mère, qui avait donné sa fille à élever à des étrangers,
dans une institution, et qui lui avait laissé penser pendant
vingt ans qu'elle était orpheline. Le crime de la fille, c'est
d'avoir méconnu la voix du sang ; voilà ce que le critique,
nourri de la tradition, ne pouvait lui pardonner. En vérité,
aucun sentiment filial, fût-il des plus primordiaux, n'aurait
pu la pousser subitement à adorer une mère qui l'avait
traitée ainsi. Lemaître n'était pas un psychologue assez
grossier pour tomber dans le faux en ordonnant les choses
de cette façon. L'absence de sentiment filial chez Hélène
était aussi vraie que naturelle, mais elle n'était pas conventionnelle ; elle choqua donc une grande partie du public
et des critiques peu judicieux comme Vitu. Mais d'autres
reconnurent la vérité de la scène. Doumic en dit : « Ce n'est
pas la première fois que nous voyons au théâtre une fille qui
retrouve sa mère. Et nous savons comment les choses se
passent en pareil cas. Nous pensions donc qu'Hélène allait
se jeter dans les bras de sa mère, que les deux femmes s'inon-
deraient de leurs larmes réciproques, et que rafraîchie par
ce torrent Hélène allait devenir le modèle des épouses. Eh
bien ! pas du tout. Cette scène est justement au rebours de la
scène consacrée ; c'est la négation de la fameuse voix du
sang. Vous voyez sans peine combien la scène ainsi présentée est plus vraie. Je dois dire que le public a d'abord été
déconcerté, qu'il n'a pas compris tout de suite. C'est qu'on
ne rompt pas sans quelque difficulté avec une habitude qui
ne date pas d'hier (1). »

On trouve une situation analogue dans *L'invitée*, de
François de Curel, et un critique en dit : « Ce qu'il y a de
tout à fait supérieur dans cette œuvre... la reprise de leur mère,
tentée par ces jeunes filles, n'est pas un élan de cœur chez
elles. Cette mère et ces filles, en se retrouvant, ne sentent
pas qu'elles s'aiment, ne sont pas sûres de pouvoir s'aimer.

(1) *De Scribe à Ibsen*, p. 160.

CLIFFORD BISSELL.   8

Ceci est d'une analyse profonde, subtile et douloureuse. Quand on est resté vingt ans sans s'aimer, il n'y a pas de lien naturel qui tienne (1). »

Dans *L'évasion*, Brieux fait dire à Lucienne, à propos de sa mère qu'elle n'avait jamais connue : « C'est moi qui suis punie de ses fautes », et lorsque Jean la reprend : « Ne parlez pas ainsi de votre mère, Lucienne », elle répond : « Ah ! oui... la convention du respect filial ! C'est que, voyez-vous, on ne me l'a pas apprise. Croyez que je suis un monstre, si vous le voulez, mais j'ai beau fouiller les derniers replis de mon cœur... ce respect-là, je ne l'y trouve pas ! »

Le public s'accoutuma bientôt à des scènes de ce genre. Et en 1900 Jules Renard fit représenter une pièce, *Poil de carotte*, dans laquelle la mère, en tant que mère, est complètement odieuse, et son naturel détestable est accentué par la jeunesse de son fils qu'elle maltraite. La pièce fut un succès. Les dramaturges avaient fait comprendre au public que toute mère n'est pas un ange, et que non seulement les enfants n'aiment pas toujours instinctivement leur mère, mais qu'ils peuvent quelquefois se justifier moralement de ne pas l'aimer.

La jeune fille est devenue, sur la scène contemporaine, un type plus frappant que la femme mûre. Autrefois il y avait une jeune fille traditionnelle, qui, sans doute, était une reproduction assez fidèle de la vraie jeune fille bourgeoise. Elle n'avait que peu à dire, ne parlait pas beaucoup sans qu'on lui parlât d'abord, tenait les yeux baissés, se conformait sans protester aux désirs de ses parents ; elle était modeste, timide, passive, ne savait pas et ne devait pas savoir grand'chose de la vie. On trouve de bons exemples du type dans des pièces comme *La poudre aux yeux* et *Le voyage de Monsieur Perrichon*. Jullien, dans *La sérénade*, introduisit une jeune fille tellement différente de ce type traditionnel qu'on peut l'appeler révolutionnaire. Son père la croit « naïve et innocente », et au deuxième acte il ne lui permet pas

(1) *Recueil Stoullig*, jan. 1893.

d'écouter une « gauloiserie » comme le morceau « La sérénade », mais il apprend sur son compte des choses qu'il était
loin de soupçonner. Henri Céard dit de la pièce (dans
L'événement, oct. 1891) qu'elle « ruina pour jamais la virginité
conventionnelle des ingénues et, par sa joyeuse constatation
des compromis bourgeois, créa du premier coup le genre
Théâtre-Libre ». Ce n'est pas à dire qu'à partir de ce moment
les jeunes filles qu'on voit sur la scène ne sont plus des
vierges. Mais la jeune fille « naïve et innocente » cesse d'être
commune. Quand elle paraît, elle a plutôt l'air d'une hypocrite que d'une épouse à désirer. Par exemple, Geneviève
Langeac dans *Le secret de Polichinelle*, de Wolff. La mère de
cette jeune personne lui dit continuellement à voix basse
« Tiens-toi droite ! » et lui ordonne d'aller regarder par la
fenêtre chaque fois qu'elle, la mère, veut débiter ce qu'elle
appelle « une pensée sans chemise ». A toute mention du
nom de Henri, Geneviève a soin de baisser les yeux. Mais
tout ce manège impressionne si peu les parents du jeune
homme qu'ils sont très heureux quand il épouse sa maîtresse (1). Au dernier acte du *Bercail*, de Bernstein, il y a
une autre jeune fille, Geneviève Morel, que Rosa, la vieille
demoiselle, voudrait faire épouser à son frère : elle est comme
une parodie de l'ancien type, et on voit que l'auteur l'a
dessinée avec malice.

La jeune fille qui a pris la place de l'ancienne ingénue **est**
sympathique ou non, suivant les circonstances ; en tout cas,
elle possède une connaissance de la vie et un savoir-faire qui
manquaient totalement à ses prédécesseurs. Claire, dans
Les fossiles, ne reste pas à part quand il s'agit de régler le
scandale familial. Certains critiques la crurent trop indépendante et trop bien renseignée pour une jeune fille, mais elle
fut bientôt dépassée sur ces deux points par d'autres. Dans
Mariage blanc, Marthe est violente, passionnée, et ne craint

(1) Les lecteurs américains doivent savoir qu'on n'épouse pas sa maîtresse en France sans braver l'opinion. Voir *La veine, L'irrégulière, La plus
faible, La barricade*. Dans cette dernière, Tardieu dit : « Jamais je n'admettrai que ma fille devienne la bru d'une maîtresse épousée. »

pas de dire qu'elle veut être aimée. Jeannine, la jeune instinctive de dix-sept ans dans *L'enchantement*, est tellement
emportée par la passion qu'elle tente de se suicider, et Diane,
dans *La vierge folle* du même auteur, n'hésite également
devant rien. Dans *La marche nuptiale*, encore de Bataille,
nous rencontrons une jeune fille nommée Maguet, qui est
complètement étrangère aux anciennes convenances de
modestie ; elle a une assurance, basée sur ses propres intérêts,
qui lui fera atteindre les buts qu'elle vise. Lechâtelier dit :
« Les jeunes filles que je connais, ou dont j'entends parler,
jouent au bridge avec leur confesseur ». Dans *Le député
Leveau*, Marguerite Leveau est capable d'effronterie, elle a
« la blague de la jeune fille moderne. » Dans *Vers l'amour*,
de Gandillot, Yvonne est une jeune fille brusque et dure, qui
va partout seule, et qui ne rougit pas en parlant de « cocottes ».

Nous voyons aussi la jeune fille savante. Marcelle Bouguet,
dans *Les flambeaux*, connaît la biologie et aide ses parents
dans leurs travaux scientifiques. Simone, dans la pièce de
ce nom, de Brieux, est déjà une autorité sur les religions
orientales à vingt et un ans.

On entend parler d'assez bonne heure de la « jeune fille
libre ». Dans *Les paroles restent* (1892), une horrible commère,
Mme de Mandres, calomnie Régine, et dit que c'est une
anomalie d'« assimiler à une ingénue cette grande personne
de vingt-cinq ans qui sort seule... qui est libre avec les hommes.
Oh ! mais libre !... comme une femme mariée ! » Lorsqu'elle-
même était jeune, ajoute-t-elle, être jeune fille signifiait
un « état fragile de confiance et de timidité, de mystère pour
soi-même ». Dans *L'enfant de l'amour*, Nellie Rantz est
décrite comme « une jeune fille très libre, qui dîne seule chez
ses amis et prend des autos sans sa femme de chambre ».
Dans *L'adversaire*, on dit d'une autre jeune fille qu'elle a
vingt-cinq ans, « élevée sans aucune surveillance... femme de
sport... excentrique... elle a une automobile. Quand les jeunes
filles de province s'en mêlent maintenant, elles sont plus
Américaines que les Parisiennes ».

Sans doute, c'est un certain relâchement des conventions sociales qui a amené sur la scène le nouveau type de jeune fille, mais il en résulta bientôt une sorte de jeune fille libre tout à fait conventionnelle. Elle paraît d'abord dans le théâtre de Flers et Caillavet, mais il nous semble qu'ils l'ont prise dans celui de Pailleron, et qu'elle est calquée sur le modèle de Suzanne de Villiers, du *Monde où l'on s'ennuie*. En tout cas, on retrouve les caractéristiques de Suzanne, mais progressivement plus acccentuées et plus extravagantes, chez les jeunes filles de Flers et Caillavet et leurs confrères de la même école. La jeune fille de ce type est primesautière, libre d'allures, sans cérémonie, et fait peu de cas des règles conventionnelles de la bienséance, mais en même temps elle est douce, sentimentale, et très amoureuse de quelqu'un qui ne s'en doute pas le moins du monde, quoique la chose soit de toute évidence pour les spectateurs ; elle finit par le lui faire savoir carrément, et alors il se rend subitement compte que depuis longtemps lui aussi est amoureux d'elle, et tout finit honnêtement par un mariage. Dans *Miquette et sa mère*, c'est l'éclosion du type que nous voyons. Primerose, dans la pièce de *Primerose*, n'est pas turbulente, mais elle écrit une lettre à Pierre pour lui dire qu'elle l'aime. Dans *L'amour veille*, Jacqueline est plus impétueuse ; elle demande à André de l'épouser. Dans *L'âne de Buridan*, Micheline écrit des lettres audacieuses à plusieurs personnes et suscite des émotions compliquées, et elle pénètre chez Georges Boullains au milieu de la nuit, le convainc qu'ils s'aiment mutuellement et s'endort dans sa chambre à coucher... en restant tout à fait innocente, car Georges, bien qu'il soit connu comme un « homme à femmes », est un parfait chevalier devant cette jeune ·fille.

Dans *Le bourgeon*, de Feydeau, le personnage est poussé encore plus loin. Huguette est une jeune fille qui sauve la vie à un jeune paysan sur le point de se noyer, en le retirant de l'eau d'abord et en prenant des mesures pour le ressusciter ensuite ; le fait qu'il est nu lui est complètement indifférent à elle, mais pas au jeune homme quand il s'en rend compte après. Elle aime son cousin Maurice, et le croyant amoureux d'une autre femme, boude et montre clairement sa colère ; à la fin, elle lui indique, à ne pas s'y tromper, ce qu'elle sent pour lui, avec le résultat qu'on sait. Dans *La petite chocola-tière*, de Gavault, c'est l'extrême du type. Benjamine fait un tel tapage à deux heures du matin devant une maison qu'elle ne connaît pas qu'elle oblige les gens à sortir de leurs lits et à l'héberger ; elle fait irruption, sans se laisser annoncer, dans les bureaux du ministère ; lorsque le ministre téléphone, elle saisit l'appareil et lui crie « La barbe ! » pour toute réponse ; elle embrasse de vive force l'homme qu'elle désire, et cependant qu'elle se conduit comme une garçonne effron-tée, on nous demande de la trouver séduisante. C'est par trop abuser, même dans une pièce de ce genre.

On trouve les enfants beaucoup plus fréquemment sur la scène contemporaine qu'on ne les trouvait sur celle d'une période plus reculée, mais en général, leur emploi est con-ventionnel ; ils sont là pour influencer leurs parents quand il est question de divorce ou d'autres désagréments entre époux. Quelquefois, dans ces situations, l'enfant ne paraît point, mais on parle beaucoup de lui ; c'est le cas dans *Le berceau*, de Brieux (1). Ou bien les enfants contribuent à l'atmosphère d'une pièce, sans y jouer un rôle véritable, comme Nelly Lechâtelier dans *La marche nuptiale*, et les fêtes d'enfants qu'on voit dans *Amants*, *L'enchantement*, *Le scandale*, et *La Française*. Dans *Le scandale*, d'ailleurs, Bataille fait d'un enfant un emploi original. Férioul, qui vient d'apprendre l'inconduite de sa femme, s'emporte au point de vouloir la dénoncer devant la famille et les domestiques réunis ; il les a déjà appelés et commence à lancer les paroles révélatrices, mais un affaissement moral le surprend, il n'a pas le courage de finir sa phrase comme il l'avait voulu ; il faut la finir pourtant, et il le fait en morigénant bruyamment son fils au sujet d'un prétendu mauvais rapport de ses

____

(1) Voir, pour d'autres exemples, *Le dédale*, *Les tenailles*, *Le bercail*, *La loi de l'homme*, *Simone*, *Suzette*, *Le torrent*.

professeurs, tandis que le petit garçon, qui entend parler de ce rapport pour la première fois, reste ahuri. Dans *Le bien d'autrui*, Fabre introduit une petite fille afin qu'elle puisse découvrir un testament caché ; dans *L'enfant chérie*, un petit garçon donne à Bourneron l'occasion de nous montrer son état de colère et d'impatience en attendant une lettre de sa maîtresse. Dans *La Française*, le petit Jacques est l'instrument d'attraction mutuelle entre deux amoureux, et dans *Le secret de Polichinelle*, l'influence du petit Robert amène ses grands-parents à approuver le mariage de leur fils avec sa maîtresse. Ces emplois d'enfants n'ont rien de nouveau ni de frappant. Dans *Ces messieurs*, les enfants sont importants, car c'est en eux qu'on voit la mauvaise influence de l'hystérie religieuse, et ils sont très vivants. Donnay nous a montré aussi de vrais enfants dans *Amants* et *Le torrent*. On pourrait être porté à croire, d'autre part, que de Curel n'a pas une grande expérience des enfants, car dans *La nouvelle idole* (acte II, scène I) il fait supposer à un savant psychologue qu'une petite fille de dix ans ne saurait pas se moucher toute seule !

Les domestiques, quoique très nombreux dans le théâtre contemporain, sont en général des personnages vivants. Les types conventionnels du valet comique, du domestique qui se laisse facilement corrompre par de l'argent, de la bonne qui sert aux amours de son maître ou du fils de ce dernier, ne se retrouvent que çà et là. Le valet comique se rencontre dans *L'âne de Buridan*, genre de pièce où il ne se trouve pas trop déplacé. Il y a aussi le jardinier Richard dans *Suzette*, mais on ne le voit guère. Le domestique vénal et traître se voit encore moins ; *L'enfant de l'amour* et peut-être *La meute* (où des domestiques se révoltent et s'enivrent) en fournissent à peu près les seuls exemples (1).

____

(1) Dans *Poliche*, il y a deux domestiques qui se laissent corrompre pour révéler des secrets. Mais Margaridou, dans *Le scandale*, qui est complice de la femme contre le mari ; le chauffeur dans *La vierge folle* qui écrit une lettre anonyme ; Clotilde, la femme de chambre qui ment à son maître dans *Samson* ; Justin, qui écoute au trou de la serrure dans *Les avariés* ; Rémi

Quant à la bonne qui a une affaire d'amour avec son maître ou le fils de son maître, elle ne paraît que dans *L'argent*, de Fabre. Dans *La robe rouge*, de Brieux, nous apprenons que Yanetta a eu une expérience de ce genre dans sa jeunesse. Chavassieux, le vieux roué dans *Le vieil homme* de Porto-Riche, essaie de séduire toutes les bonnes qui entrent en service chez sa fille, mais sans grand succès. Il y a de simples allusions à la chose dans deux pièces de Bataille, *L'enchantement* et *Maman Colibri*.

La servante impertinente, type moliéresque, est rare aussi. Irma dans *L'argent*, et Rosalie et Justine dans *La veine*, en sont les échantillons uniques.

S'il y a dans ce théâtre un type conventionnel de domestique, c'est celui du vieux serviteur qui est depuis si long-temps au service de son maître qu'il se permet toutes sortes de libertés. Le personnage est tantôt un homme, tantôt une femme, mais il sert presque toujours un maître et non pas une maîtresse (1). Il y a la vieille Gertrude, dans *L'âge difficile*, qui prend un air quasi-maternel envers Chambray, et le type de Gertrude se retrouve avec peu de variations en Denis, domestique de Maurice Cormier dans *La nouvelle idole*, Clémence dans *L'affranchie*, Jean, valet de Biron, dans *Le foyer*, et Adolphe, dans *L'âne de Buridan*. Jean dit à son maître : « J'ai toujours peur que Monsieur fasse des bêtises. C'est pour le bien de Monsieur. Monsieur n'a plus cinquante ans. » Virginie, dans *Les maris de Léontine*, de Capus, fait tout ce qu'elle veut chez son maître Adolphe Dubois, et le défie de renvoyer sa « vieille domestique qui vous a vu haut

et Sidonie, qui haïssent Germaine parce qu'elle les empêche de continuer leur système de vols dans *La plus faible* : ce ne sont pas des exemples de corruption. La sympathie, le ressentiment, la jalousie, sont les mobiles de leurs actions. La cupidité pure et simple n'y entre pas.

(1) Dans *Michel Pauper*, il y a une servante, Adèle, qui dit au comte de Rivailles : « Nous autres femmes, nous aimons quelquefois les militaires, madame le prouve bien, mais faut-il encore qu'il y ait un sentiment sous leur uniforme... je ne m'intéresse pas à toutes vos folies malhonnêtes ». Mais Adèle ne trouve rien à redire directement à sa maîtresse. Il y a un meilleur exemple dans *L'enlèvement* (II-V.)

comme ça ». Quant à Rose, dans *L'amour veille*, elle tutoie son maître.

Comme exemples originaux de domestiques, on peut citer Léopoldine, dans *Vers l'amour*, qui essaie sournoisement d'attirer sur sa nièce l'attention de Jacques, dans l'espérance qu'il la prendra comme maîtresse ; et à l'autre extrême, Casimir, domestique de Gisèle Prieur dans *La crise*, qui dit à la femme de chambre, Mariette, « nous ne retournerons pas chez Madame . Si je me marie, je veux avoir des maîtres comme moi. »

Dans *La meute, Ces messieurs, Les remplaçantes*, et *L'enfant de l'amour*, on nous mène dans l'office et dans la cuisine, et nous entendons les propos des domestiques au sujet de leurs maîtres. Dans *L'enfant de l'amour*, sept personnages sur vingt-quatre sont des domestiques.

Le joueur est un type tellement commun dans le théâtre contemporain qu'il pourrait bien être considéré comme un symptôme des idées de la plupart des auteurs sur la société. On le retrouve continuellement chez Capus, depuis l'incorrigible et naïf commandant Brunet dans *Brignol et sa fille*, jusqu'à M. Piégois. Les membres de cercles, comme ceux qu'on rencontre dans *Israël* et *L'armature*, sont des joueurs effrénés. Les vieux libertins dont nous avons parlé, les nobles décadents, les fils vicieux de parents riches, comme Xavier Lechat dans *Les affaires sont les affaires*, Laurent dans *L'argent*, René dans *Le bien d'autrui*, Maximilien d'Andeline dans *Samson*, tous ces personnages passent leur temps, quand ils ne font pas l'amour, à perdre leur argent au jeu. François Prieur, dans *Le passé*, ajoute ce vice aux autres qu'il a ; c'est sa passion du jeu qui l'empêche de rester dans un emploi plus longtemps que quelques mois. Les pièces de Donnay sont remplies de joueurs et d'allusions à des pertes subies au jeu. Dans *La danse devant le miroir*, de Curel, nous apprenons que Paul Bréan s'est ruiné par « le jeu et la fête à l'outrance », mais il est pourtant « un jeune homme très apprécié dans la haute société parisienne ».

Les paysans que nous rencontrons dans ce théâtre ne

ressemblent guère aux honnêtes campagnards de George Sand : on sait cela d'avance. Les paysans dans *Blanchette* et *Les remplaçantes, Les avariés, L'évasion*, et *Le bourgeois aux champs* de Brieux, *Le maître* de Jullien, *Le repas du lion* de Curel, et *Rosine* de Capus, nous laissent une impression mélangée d'avarice, de superstition, d'ignorance, d'étroitesse d'esprit, de sournoiserie, d'égoïsme, et de brutalité. Il y a là des études vivantes, frappantes, mais ne se peut-il pas qu'il y ait là aussi l'extrême inverse de celui des paysans romantiques ? Bordeaux, par exemple, sans taxer d'exagération les paysans du *Bourgeois aux champs*, fait remarquer : « Peut-être y a-t-il seulement systématisation. Car on rencontre d'autres paysans. Les personnages de *La Terre qui meurt*, de M. René Bazin, ne sont pas inventés. Les braves gens, à la campagne, dépassent aisément, et de beaucoup, notre médiocrité bourgeoise dans le bien (1). »

Un autre type, spécialement français, et qui ne manque pas d'un certain intérêt pour les lecteurs américains parce que les circonstances le rendent impossible chez nous sans le rendre du tout incompréhensible, est le personnage décoré. Il est présenté sous l'un ou l'autre de deux aspects : ou bien il veut une décoration à tout prix, sérieusement, ou bien la chose est traitée de façon frivole et satirique. Des deux façons la seconde est la plus fréquente ; le côté tout à fait sérieux offre des exemples qu'on peut résumer en quelques lignes. Dans *L'autre danger*, de Donnay, Etienne Jadain est furieux parce qu'Ernstein va être nommé officier de la Légion d'honneur. Dans *Maternité*, de Brieux, un certain Laurent veut bien apporter son concours à un projet de Brignac, bien que convaincu de son inutilité, parce qu'il espère que Brignac pourra alors lui obtenir « les palmes ». Dans *La course du flambeau*, d'Hervieu, Didier Maravon dit à propos de décorations : « Ah ! voilà une bêtise à laquelle je suis loin de songer », mais sa femme en convoite une pour lui, car elle explique : « Elle fait son petit effet sur presque tout le

____

(1) Article sur *Le bourgeois aux champs*, dans *La vie au théâtre*, 4ᵉ série.

monde. » Dans *L'Evasion*, de Brieux, le docteur Bertry sait
que, grâce surtout à ses propres efforts, il va être décoré,
et voyant que son disciple, La Belleuse, a l'air pas tout à
fait content, il lui demande : « Vous avez envie de quelque
chose ? » La Belleuse répond : « Mon Dieu ! Je n'ai, vous le
savez, que des ordres étrangers... Et j'ai pensé que la même
promotion qui donnerait la cravate rouge au maître appor-
terait peut-être, à l'humble disciple, un tout petit bout de
ruban... de la même couleur. »

Les exemples purement satiriques sont plus nombreux.
Dans *Les maris de Léontine*, de Capus, tout le monde se
moque de la décoration du « Mérite agricole » qui doit être
décernée à Anatole, et la marquise trouve que toute décoration est ridicule. Dans *L'enfant de l'amour*, de Bataille, nous
entendons dire que Rantz avait procuré une décoration à un
couturier appelé « Dédé ». Dans *Le bercail*, de Bernstein,
Jacques Boucher est certain de pouvoir faire décorer un
écrivain sans talent, parce que le chef du cabinet du ministre
est un de ses anciens camarades de collège. Dans *Samson*,
du même auteur, un nommé Glorieux, que l'auteur nous
décrit comme « peintre affreux et mondain », porte le ruban
de la Légion d'honneur. Dans *Le foyer*, de Mirbeau et Natanson, Biron dit qu'il fait décorer cinq à dix personnes tous
les ans au cours de ses affaires, et il promet la Légion d'honneur à son entrepreneur Lerible. Dans *Le député Leveau*,
de Lemaître, Mme Rosimond importune Leveau pour qu'il
fasse décorer son mari, parce que, dit-elle, il est le seul acteur
de la Comédie Française sans décoration. Dans *La petite
fonctionnaire*, de Capus, Pagenel ayant essayé de persuader
à sa femme que ses visites mensuelles à Paris étaient pour
obtenir le Mérite agricole, elle répond : « Quand on a cent
mille francs de rentes, on ne demande pas le Mérite agricole,
on demande la Légion d'honneur. » Et dans *Monsieur Piégois*,
lorsque Piégois fait cadeau à la ville de son casino, Herbelin,
le maire, s'écrie : « Ça vaut la croix ! » Piégois dit : « Pas pour
moi, pour vous », et Herbelin, réflexion faite un instant,
reprend : « Enfin ! Il faut qu'il y ait quelqu'un de décoré

pour cette affaire-là ! » *Le bois sacré*, de Flers et Caillavet,
satirise d'un bout à l'autre la manière dont on obtient des
décorations, et tout spécialement le ruban de la Légion
d'honneur.

Dans *La douloureuse*, de Donnay, il y a sur ce sujet un
exemple de satire exceptionnelle. Mme Pailly désire pour une
certaine personne une décoration à l'occasion de la fête nationale, et elle entame l'affaire avec Mme Bladru, femme d'un
député. A lieu alors la conversation suivante :

Mme B. — Rouge... violet... vert ?
Mme P. — Nous sommes plus modestes : violet.
Mme B. — Pour qui, pour vous ?
Mme P. — Oh ! non... quelle horreur ! (se ravisant) c'est-à-dire,
je n'y ai aucun droit... c'est pour un brave homme qui meurt
d'envie d'avoir les palmes.
Mme B. — A-t-il des titres ?
Mme P. — Aucun... c'est le mari de ma manucure ; seulement
sa femme y tient beaucoup ; ça la poserait auprès de sa clientèle,
vous comprenez.
Mme B. — Et pour le 14 juillet... il n'a pas de temps à perdre,
c'est dans dix semaines à peine. A-t-il fait sa demande ?

A quoi Mme Pailly répond en demandant s'il est nécessaire
qu'il la fasse lui-même, car elle craint que son orthographe
ne soit pas à la hauteur de la tâche ; mais Mme Bladru lui
explique qu'il y a des modèles pour ces sortes de lettres.

Le sujet se prête facilement à la satire, d'autant plus que
la vérité là-dessus est parfois aussi ridicule que les moqueries.
Témoin l'incident suivant, que raconte Henry Bauer (dans
La petite république, 24 fév. 1902) : il se trouvait dans un
compartiment de chemin de fer avec un monsieur qui,
levant les yeux de son journal, lui demanda d'une voix
irritée : « Concevez-vous cette nomination de M. Edmond
Rostand au grade d'officier de la Légion d'honneur à vingt-
neuf ans ? » « Vous êtes homme de lettres ? » interrogea
Bauer. « Je suis dans la recette des finances depuis vingt ans,
répondit l'autre, et on ne parvient pas à me nommer chevalier ! »

Mais si les gens de la vie réelle se comportent comme ceux

de la scène à propos des décorations, qu'y a-t-il de conventionnel dans la façon d'agir de ces derniers ? Il y a seulement ceci, que sur la scène on se refuse à reconnaître qu'une décoration se donne jamais pour le mérite. Des hommes comme Edmond Rostand l'ont pourtant méritée. Mais au théâtre, les hommes qui mériteraient les décorations n'en parlent pas, et s'ils sont en effet décorés, nous ne le savons point.

Nous ne devons pas quitter le sujet des types de personnages sans dire un mot du raisonneur, type des plus conventionnels. Séché et Bertaut l'appellent « cet être ennuyeux et d'importance qui, sous le prétexte d'une conversation avec un compère quelconque, explique, traduit, raisonne pour le public les principaux arguments de la thèse que va émettre l'auteur, ainsi que le caractère des protagonistes chargés de la démontrer (1) ». On s'attendrait à ne plus le trouver dans un théâtre dont un des principaux défauts, à en croire les plaintes souvent répétées de Francisque Sarcey, était de ne pas donner assez d'explications et d'insuffisamment « préparer » les incidents et les mobiles de l'action. Mais il y existe. Qu'on lise *La course du flambeau, Les tenailles, L'énigme*, toutes trois d'Hervieu ; ou *Le torrent* ou *Paraître*, de Donnay ; on ne pourra manquer de reconnaître le type dans les personnes de Maravon, Pauline Valanton, le marquis de Neste, Morins, de Bouïf. Dans *Le ruisseau*, de Wolff, le Dr Miler est là pour plaider la cause de la prostituée poussée à son métier par la nécessité, et dans *Les deux écoles*, de Capus, Mme Joulin est un exemple frivole du type. Que font ces personnages dans l'action de la pièce ? Rien ; ils parlent seulement, et ils parlent pour l'auteur. Hervieu lui-même dit à Sarcey, au sujet des *Tenailles* : « Pauline personnifie la notion, l'exemple et le langage du devoir ». Et à la fin du *Torrent*, l'abbé Bloquin dit à Morins : « En face d'un tel malheur, comment pouvez-vous encore raisonner ? » Cependant, ces raisonneurs ne ressemblent pas tout à fait et en tous lieux à ceux de Dumas, qui, eux, étaient visiblement

(1) *L'évolution du théâtre contemporain*, p. 230.

les porte-parole de l'auteur et exprimaient ses vues. Nous ne pouvons être sûrs que Morins exprime les vues de Donnay; on peut bien se demander si Pauline Valanton exprime celles d'Hervieu. *Le torrent* n'est pas une pièce à thèse, et dans *Les tenailles*, l'auteur semble plutôt avoir posé une situation difficile, où la personnalité des protagonistes exclut tout remède. Dans *L'énigme*, par contre, nous croyons bien entendre parler Hervieu quand nous écoutons le marquis de Neste, mais on ne peut pas dire que ce soit une pièce à thèse.

On serait facilement tenté de trouver des raisonneurs dans le théâtre de Brieux. Léopold Lacour n'en reconnaît pourtant qu'un seul, le Dr Richon dans *Les remplaçantes* (1). Je ne vois pas, pour ma part, comment on peut ne pas classer dans cette catégorie le docteur des *Avariés*, qui fait un sermon moral et prophylactique pendant le dernier acte, et il me semble que La Bouzule, le magistrat en retraite de *La robe rouge*, raisonne bien un peu lui aussi, et sans faire autre chose. Mais en général, chez Brieux, les raisonnements sont fort bien agencés, et ceux qui les émettent sont des personnages indispensables à l'action.

Le théâtre bourgeois contemporain a fait un pas en avant en nous montrant des milieux très variés. Le sujet est souvent monotone ; le milieu et les personnages ne le sont pas. Nous rencontrons ici des gens de tous les niveaux de la société, de tous les métiers et de toutes les professions, et de toutes les opinions. Mais quand nous distinguons entre le milieu de l'action et le lieu de l'action, nous constatons un fait curieux : c'est que, sous ce rapport, le théâtre français est presque aussi centralisé que le gouvernement, l'administration ou l'enseignement public.

Remarquons d'abord que sur cent cinquante-deux pièces huit seulement nous conduisent hors de France, et de ces huit, une seule nous laisse pendant plus d'un acte en pays étranger (2). Et encore faut-il dans la plupart des cas qu'on

(1) *Revue de Paris*, 1er janvier 1904.
(2) A proprement parler, il y a neuf de ces pièces, car *L'enfant chérie* a un acte en Alsace, pays qui n'appartenait pas alors à la France.

nous le dise. Le premier acte de *L'affranchie*, de Donnay, est à Venise, mais Venise sans les Vénitiens ; il n'y paraît que des Parisiens. Le même auteur nous transporte pour un acte d'*Amants* au lac Majeur, mais c'est encore pour nous faire voir et entendre des Parisiens ; il n'y a d'italien qu'un cocher qui dit quelques mots « dans son patois ». Le premier acte de *L'invitée*, de Curel, est à Vienne, mais on ne s'en douterait pas sans un comte autrichien anodin, qui ne paraît plus après. Les deux derniers actes de *La vierge folle* se passent dans un hôtel à Londres ; on en est sûr en entendant deux lignes de texte en anglais dites par deux domestiques. Le dernier acte de *La course du flambeau* a lieu à Maloja en Suisse, ville de tourisme . Un acte du *Phalène*, de Bataille, nous mène en Sicile, mais toujours en compagnie de Parisiens, et un acte de *Maman Colibri*, tout en transportant le spectateur hors de France, ne le conduit pas précisément à l'étranger, mais en Algérie, où il voit pendant quelques instants deux petites filles arabes. Le seul exemple d'une scène d'un autre pays ayant une véritable « atmosphère » de ce pays et donnant un rôle saillant aux habitants eux-mêmes, est dans *L'esbroufe*, d'Hermant, dont le premier acte se passe dans une ville allemande, et où les Allemands sont bien en évidence. Mais les autres actes sont situés à Paris.

Sauf une pièce de Fabre, *Les sauterelles*, qui n'est pas sur notre liste, nous trouverons difficilement un acte qui nous fasse passer l'océan. On se demande pourquoi nos auteurs n'ont pas utilisé davantage, sinon des pays étrangers, du moins les colonies françaises. Plusieurs d'entre eux, de leur propre expérience, étaient capables de reproduire des scènes ailleurs qu'en France. Mais ils se contentent, pour la plupart, de nous laisser entendre des allusions, et de très brèves, aux pays étrangers ; ils ne nous font pas voir ces pays. Ainsi dans *Amants*, Vétheuil devient un explorateur et trouve quelques mots à dire de la répercussion que l'expédition a produite sur lui-même ; dans *L'enfant de l'amour*, et dans *L'émigré*, quelques personnages sont expédiés au

Canada et aux États-Unis juste avant la chute du rideau (1) ;
dans *Le voleur*, on entend parler des plantations de café du
Brésil, et Richard et Marise finissent par y aller ; dans *La
course du flambeau*, c'est la Louisiane ; dans *Le réveil*, un
royaume vaguement indiqué, probablement aux Balkans.
On pourrait citer d'autres exemples du même genre. C'est
un procédé qui n'exige pas du dramaturge une connaissance
approfondie du pays dont il parle (2). Est-ce que les auteurs
qui étaient à même de représenter des pays et des peuples
étrangers ont négligé de le faire parce qu'ils sentaient que
les spectateurs parisiens ne s'intéressaient qu'à ce qu'ils
avaient vu eux-mêmes, ou parce qu'ils redoutaient d'être
obligés de pousser leurs personnages étrangers à l'exagération
ou même à la caricature ?

Une réponse partielle se laisse suggérer à cette question
quand nous venons à considérer les pièces situées entièrement en France, c'est-à-dire presque toutes les pièces de
notre liste. La centralisation y est frappante. De ces pièces,
cinquante-huit ont leur lieu d'action entièrement à Paris ou
dans la banlieue parisienne... des endroits comme Chaville
dans *Le passé* ou Vaucresson dans *La cruche*. L'action de
cinquante-trois autres pièces se joue en partie à Paris. Il
reste quarante-deux pièces dans lesquelles il n'y a aucune
scène à Paris ou près de Paris... à peine un tiers, et si nous
examinons ces quarante-deux pièces, nous ne tarderons pas
à remarquer que, même là, Paris se retrouve presque toujours.
Par exemple, dans *Le voleur*, les personnages sont des
Parisiens à la campagne, et un détective venu de Paris joue
un rôle assez important ; dans *Le scandale*, le point culminant
de l'action résulte d'un voyage à Paris fait par le personnage
principal ; dans *L'assaut*, l'arrivée de Frépeau de Paris et

____

(1) Dans *L'émigré*, il y a un peu de « couleur locale » amusante. Michelot,
un Canadien, dit au jeune couple qui va partir au Canada : « Quand je
pense au premier gentleman de l'Ouest qui vous enverra son jus de chique
entre les pieds ! Oh ! soyez tranquille. Vos bottines n'auront rien. Ils
savent viser. »

(2) Cela n'empêche pas les erreurs. Dans *L'enfant de l'amour*, par exemple,
nous apprenons que Rantz possède des mines d'anthracite près de Chicago !

un article dans un journal parisien sont les faits saillants qui influencent l'action ; dans *Le vieil homme*, Paris a exercé une influence tellement néfaste sur Michel que sa femme l'a amené à aller habiter Grenoble, mais Paris, dans la personne de Mme Allain, les poursuit jusque-là avec des résultats tragiques. Je pourrais multiplier les exemples, mais pour abréger, il suffira de dire que les pièces où l'atmosphère parisienne fait totalement défaut sont au nombre de onze seulement. Elles sont : *La mer* et *Le maître*, de Jullien ; *Les fossiles*, de Curel ; *L'énigme* et *Connais-toi*, d'Hervieu ; *La maison d'argile*, *La vie publique*, et *Le bien d'autrui*, de Fabre ; *Primerose*, de Flers et Caillavet ; *Les trois filles de Monsieur Dupont*, de Brieux, et (ce dernier est un cas douteux) *Le bourgeon*, de Feydeau.

Résultat qui, au fond, n'est pas trop étonnant. Le théâtre, en France, signifie le théâtre parisien. Pour être dramaturge, il faut être à Paris. Je crois qu'on découvrirait une situation semblable pour Londres si on examinait le même nombre de pièces anglaises contemporaines ; je soupçonne même qu'on pourrait presque en dire autant pour le théâtre américain, qui, matériellement, est centralisé à New-York comme le théâtre français à Paris.

Cependant, aucun auteur ne traite exclusivement de Paris dans ses pièces. On a appelé Capus le représentant attitré du boulevardier parisien ; en effet, il ne nous laisse jamais oublier sa chère capitale, mais il aime aussi les provinces. Trois de ses pièces seulement ont leur lieu d'action entièrement à Paris : *Brignol et sa fille*, *La bourse ou la vie*, et *L'attentat*. Encore, dans la première, y a-t-il des gens de Poitiers qui ne sont pas les moindres personnages de la pièce, tandis que dans la seconde les deux personnages principaux parlent continuellement de Limoges, et finissent par s'y fixer. Le procédé favori de Capus est de transporter ses personnages de la province à Paris, ou *vice-versa*. En province, c'est tantôt une petite ville, comme dans *Rosine* et *La petite fonctionnaire*, tantôt une plage ou une ville d'eaux, comme dans *La veine* ou *En garde !* tantôt un casino, comme dans

Mariage bourgeois et *Monsieur Piégois*, tantôt une propriété
de campagne, comme dans *La châtelaine* et *L'adversaire.*

Mais cette ville de Paris que les dramaturges aiment
tant, ils la traitent de façon peu respectueuse, et — disons
le mot — tout à fait conventionnelle. C'est la grande ville
où tout apparaît sous un jour défavorable, où se rassemblent
toutes les iniquités humaines, où d'innocents campagnards
et d'honnêtes provinciaux bourgeois ne viennent que pour
se trouver bientôt· engloutis dans la corruption générale.
Dans *Michel Pauper*, de Becque, Adèle dit : « Je ne ferai pas
de vieux os à Paris, moi, on voit de trop vilaines choses. »
Dans *L'enfant de l'amour*, de Bataille, la vie que mènent la
plupart des personnages est dénommée « cette pourriture
de parisianisme », et quelqu'un dit à propos du passé scabreux de Rantz qu'on a si vite oublié : « A Paris, on n'est
jamais déshonoré ». Dans *Les tenailles*, d'Hervieu, Valanton
dit à Michel Davernier : « Il y a peu de temps que vous avez
réintégré Paris ; vous n'avez pas encore fait de mauvaises
connaissances, vous n'avez pas ramené de liaison », et il le
presse de se marier avant que ces malheurs aient lieu.
Dans *Les marionnettes*, de Wolff, le brave oncle de province,
le « personnage sympathique » de la pièce, s'écrie : « Depuis
que je suis à Paris, j'ai vieilli de quinze ans ! L'air qu'on y
respire est mauvais. » Dans *Le député Leveau*, de Lemaître,
Marguerite dit : « J'en ai assez de Paris ! On n'y a jamais le
cœur ni l'esprit tranquilles ! » Dans *Hélène Ardouin*, de Capus,
Sébastien Réal est averti que, pour réussir à Paris, il lui
faudra s'abaisser devant des gens qu'il déteste, flatter ceux
qu'il méprise, et se faire le complice de toutes sortes de trafics
louches. Dans *Georgette Lemeunier*, de Donnay, Journay
s'exprime ainsi : « Le mari va retrouver une cocotte, la femme
se fait reconduire par un gigolo... c'est bien parisien », et
Georgette ajoute : « C'est trop parisien... ça en devient
banal. » Plus loin, le même Journay dit : « Nous ne vivons
pas au fond d'une campagne, au milieu de gens aux mœurs
simples et charmantes... nous vivons à Paris, au milieu d'une
société effroyable et dans un temps où l'on ne croit plus

à rien. » Dans *Le marché*, de Bernstein, il y a un tapissier qui profite de la détresse d'une femme mariée pour essayer de la forcer à devenir sa maîtresse ; deux des critiques, dont Lemaître, caractérisent cet homme comme « bien parisien ». Dans *Le torrent*, de Donnay, Versannes dit : « La vie que je menais à Paris me semblait étroite, vide, un peu ridicule », et Philippe, dans *La douloureuse*, s'exprime avec une vigueur mélancolique : « Quand je suis arrivé de ma province, j'étais un honnête garçon... mais je suis venu à Paris. Hélas ! qu'est-ce qu'elle a fait de moi la Ville Lumière, une lumière par qui la conscience est aveuglée ? Je me suis d'abord indigné contre la rosserie et contre la muflerie des gens... mais je suis devenu comme les autres — comme les autres ! » J'ai noté la mauvaise influence de Paris sur Michel dans *Le vieil homme.*

Que faut-il penser de tout ceci ? Eh bien, il ne faut pas penser que les auditeurs le prennent au sérieux et que les bons Parisiens qui vont écouter ces propos s'en fâchent. Le souci de la bonne renommée de leur ville ne les trouble point. Peut-être se sentent-ils même subtilement flattés· Ils savent fort bien que l'homme qui a écrit ces choses désobligeantes n'a pas lui-même la moindre intention de renoncer au séjour de Paris et de se fourrer dans un coin de la province (1). La vérité est plutôt exprimée dans une phrase des *Maris de Léontine*, de Capus : « Ne disons pas de mal des gens de la province. Sans eux, nous ne pourrions habiter Paris. » Au reste, quand des auteurs comme Capus, Donnay, Brieux, Bataille, Jullien, et d'autres, mettent en scène des provinciaux, nous ne nous apercevons pas que ceux-ci soient meilleurs et plus vertueux que les Parisiens. Les paysans de *Rosine, Blanchette, Le bourgeois aux champs, Le maître* ; les habitants de petites villes dans *Rosine, Ces messieurs, Les trois filles de Monsieur Dupont, Le scandale,*

(1) Dans un article « Le théâtre de M. Maurice Donnay », dans *La Grande Revue* de sept. 1922, Lemonnier dit : « Il préfère la campagne, il est las de Paris, mais il y revient dans chacune de ses pièces. » Lemonnier appelle Donnay « le Racine du boulevard ».

Maternité, L'engrenage ; les ouvriers de province dans *La femme seule* et *Le repas du lion* ; les villageois dans *Les remplaçantes* — pour choisir quelques exemples au hasard — ont leurs bassesses et leurs vilenies qui ne le cèdent en rien à celles des gens de Paris.

Hors de Paris, on rencontre des Parisiens surtout aux bains de mer ou à de grandes maisons de campagne pas trop loin de la capitale. Les montagnes sont très peu en faveur. Dans *Le vieil homme*, l'auteur se sert des Alpes pour produire des effets pittoresques et pour contribuer à la catastrophe finale, et dans *La course du flambeau*, c'est une ordonnance du médecin qui nous y envoie. Mais personne ne semble aller aux montagnes pour l'agrément : dans *Monsieur Piégois* et au premier acte du *Scandale*, il y a bien les Pyrénées, mais les gens ne s'y intéressent pas ; ils ne s'intéressent qu'au casino. D'autre part, on trouve souvent comme décor un salon ou un jardin avec vue sur la mer. Bernstein, Brieux, Donnay, Hervieu, et Capus nous mènent à Trouville-Deauville ; Bernstein nous transporte à Dinard ; dans des pièces de Guinon, Wolff, de Flers et Caillavet, et de Curel, nous trouvons d'autres petites plages normandes. De Curel, Lemaître, Brieux, Bernstein, Donnay, et Wolff ne négligent pas la Côte d'Azur. Faut-il en conclure que les Français, et surtout les Parisiens, préfèrent de beaucoup la mer à la montagne ? Je ne crois pas (1).

Que dire des unités de temps et de lieu dans le théâtre contemporain ? C'est une question qui n'est plus d'actualité depuis les drames romantiques. Deux de nos pièces seulement observent l'unité de temps et celle de lieu ensemble (2).

---

(1) Les pièces situées, en tout ou en partie, à des plages de mer, sont : *Le secret, La Française, L'escalade, La loi de l'homme, La veine, L'assaut, Le partage, Le ruisseau, L'âne de Buridan, La danse devant le miroir, Les fossiles, Mariage blanc, Simone, Joujou, La douloureuse, Paraître, L'amour défendu.*

(2) *Connais-toi* et *L'énigme.* Unité de lieu seule dans *La mer, L'envers d'une sainte, La dupe, Le pardon, Brignol et sa fille, Le berceau, L'argent.* Elle n'est pas toujours observée au sens le plus strict. Unité de temps seule dans *Après moi, Le voleur, Les affaires sont les affaires, Bagatelle.*

Sept observent l'unité de lieu seule. Quatre observent l'unité de temps seule. Sauf dans le cas de *La mer*, où l'auteur, comme il nous l'explique dans sa préface, a accentué l'unité de lieu pour créer une impression définie, les dramaturges ne paraissent pas avoir fait un effort déterminé vers les unités, même dans les pièces où ils les observent.

Quant à l'unité de temps, sa disparition complète, en tant que règle, se laisse remarquer dans la citation suivante de Sarcey, à propos d'une pièce de Hauptmann, *Les Tisserands*. Il dit : « Au théâtre, on peut faire bon marché des vieilles unités classiques, unité de lieu, de temps et même d'action. L'œuvre est une quand il y a unité d'impression. Si une même idée circule à travers tous les tableaux, ils ont beau être dispersés, elle les rattache les uns aux autres et en fait un tout homogène et qui se tient (1). »

Il faut se rappeler que Sarcey était l'adversaire déclaré du Théâtre-Libre et de tout ce qui en procédait, par conséquent de la plupart des auteurs que nous discutons. Mais sur ce point des unités, il était d'accord avec eux. Comment pouvait-il ne pas l'être, puisque Scribe, qu'il respectait tant, n'observait pas les unités ? Il y a un autre fait qui rend cette citation spécialement intéressante ; c'est le fait que les unités sont mentionnées. Sarcey n'en a parlé, vraisemblablement, que parce qu'il voulait noter qu'on peut se passer même de l'unité d'action. Les autres comptent si peu qu'on ne fait plus attention si elles existent dans une pièce ou non ; elles ne sont plus que des accessoires, de la même importance que le nombre des personnages ou l'endroit où est située la pièce. Même un exemple comme *Le repas du lion*, dans lequel il y a un temps de quarante-six ans, ne se fit pas remarquer des critiques. Encore moins, donc, des pièces comme *La griffe*, *La poigne*, *Simone*, *Les tenailles*, *Vers l'amour*, *Le bercail*, etc., où le temps écoulé d'un bout à l'autre varie de seize à cinq ans.

L'unité de temps, nous le savons, n'a jamais été exigée

____

(1) *Quarante ans de théâtre*, vol. 8, p. 384.

dans un sens absolu ; même à l'époque classique, on per-
mettait vingt-quatre heures, ou tout au moins une journée
du lever au coucher du soleil, pour la durée de la pièce.
Aujourd'hui, c'est la discrétion seule de l'auteur qui fixe
les limites. Cependant, même de nos jours, on peut abuser
en prenant certaines libertés avec le temps. Evidemment,
il faut condenser. Dans *Monsieur Brotonneau*, on nous dit
dans la première scène qu'il est neuf heures moins un quart,
et après quinze lignes de dialogue rapide, on regarde de
nouveau l'heure : neuf heures moins cinq ! C'est-à-dire que
dix minutes se sont passées en moins d'une minute et demie.
Mais quoi ! est-ce qu'on y trouve à redire ? Si les auteurs
avaient essayé de faire tenir leurs dix minutes dans dix
minutes véritables, ils n'auraient réussi qu'à être ennuyeux.
Des questions de ce genre sont des affaires de relativité. Et
si nous donnons raison ici aux auteurs de *Monsieur Brotonneau*, nous croyons, d'autre part, que Lemaître est dans
le tort, lorsque, au quatrième acte de *Révoltée*, il veut nous
persuader qu'un homme peut quitter son appartement dans
Paris, aller dans un endroit désert hors des fortifications,
se battre en duel et se faire blesser, et rentrer chez lui, au
cours d'une conversation qui occupe un peu plus d'une
page de texte ! Capus fait la distinction ainsi (dans *Le
théâtre*, p. 66) : « Si, pendant le cours d'une action qui se
passe à Paris, je fais sortir un personnage pour l'expédier
à Asnières, je peux le faire revenir à la fin de l'acte... mais
je ne peux pas lui faire faire le voyage de Rouen, aller et
retour. » C'est une distinction fondée sur le bon sens. Si
l'auteur veut nous donner l'illusion d'un écoulement de
temps trop long pour être contenu dans un texte suivi, il
dispose d'un moyen certain : c'est de faire baisser le rideau.
Et c'est ce que Capus lui-même a fait dans *La bourse et la
vie* (1). Du reste, *Révoltée* est la seule pièce qui semble avoir
poussé trop loin cette convention du passage de temps,
convention qui, en soi, est presque toujours indispensable,
et qui ne devient mauvaise que par l'exagération.

(1) Voir la discussion des actes et des tableaux, chap. II.

CHAPITRE V

LE LANGAGE DU THÉATRE CONTEMPORAIN

Même dans la pièce la plus réaliste, on ne parle pas comme on parlerait dans la vie réelle. Le dramaturge est obligé d'avoir souci du style, ou tout au moins de la forme ; il faut que sa pièce se tienne ; il ne peut pas reproduire toutes les choses fastidieuses, mal exprimées, et n'ayant rien à faire avec son sujet, qu'on entendrait si les personnages n'étaient pas au théâtre. Comme un peintre, il doit comprimer des matières diffuses dans un certain cadre, accentuer, réduire, omettre ceci ou cela, proportionner chaque partie à l'effet voulu.

Cependant, dans le détail, il peut y avoir beaucoup de variété dans le langage du théâtre. Les auteurs du théâtre bourgeois contemporain se sont acharnés sur ce point du langage ; ils tenaient à rendre le dialogue plus vrai et plus vivant, en supprimant les longues tirades et les périodes affectées, et aussi en employant des expressions de la vie courante. Selon eux, il ne devait pas y avoir un langage spécial au théâtre. Dans une large mesure, ils ont réussi.

Sarcey attribue ce résultat surtout à Antoine (dont il désapprouvait pourtant les méthodes) : il écrivit : « Nous ne pouvons plus aujourd'hui voir jouer une œuvre dramatique où ne se marque pas un certain goût de vérité, où le dialogue ne cherche pas à se rapprocher du langage ordinaire (1). »

(1) Préface, *Annales*, 1894.

Nous allons considérer le langage des pièces contemporaines de plusieurs points de vue : premièrement, l'emploi de termes francs et précis, sans égard pour les euphémismes, de termes vulgaires, graveleux, « sales » ou autrement dégoûtants ; deuxièmement, l'emploi de phrases et de locutions qui sont « livresques » plutôt que vivantes et d'usage dans la conversation ; troisièmement, l'emploi et l'abus de calembours et d'autres formes d'esprit ; quatrièmement, l'emploi de langues étrangères.

Déjà avant l'époque du théâtre réaliste, la défense d'employer dans une pièce sérieuse des mots « ignobles » était tombée en désuétude. Mais cette réforme ne s'est opérée qu'au xixe siècle. De Vigny, dans sa préface au *Maure de Venise* (c'est-à-dire *Othello*) raconte que le public de ce temps ne supportait pas encore le mot *mouchoir* dans une tragédie, et on sait que Victor Hugo a suscité un certain émoi parmi les spectateurs en faisant dire à Gennaro : « Vous êtes ma tante ! » En 1887, *mouchoir* n'aurait troublé personne, mais d'autres mots, des mots forts et vraiment vulgaires, restaient proscrits. Les nouveaux dramaturges s'efforcèrent de les faire recevoir.

« Au théâtre comme ailleurs, dit Edmond Stoullig, en donnant un compte-rendu de *La Parisienne* de Becque en 1900, on peut à peu près tout dire, mais à la condition de le dire d'une certaine façon. La brutalité et la vérité sont deux choses distinctes (1). » Mais comment savoir quelle est cette « certaine façon » qui empêchera une phraséologie vraie d'être une phraséologie brutale ? Il n'y a pas de mesure commune pour la déterminer à tous les temps et devant tous les publics. Ce qui paraissait brutal ou grossier en 1890 pouvait souvent sembler naturel et ordinaire en 1900. Sous ce rapport, le théâtre français a tendu à reculer progressivement d'un parler artificiellement raffiné et à se rapprocher du vocabulaire franc et précis du Moyen-âge et de la Renaissance (2).

(1) *Recueil Stoullig*, 1890, vol. II, p. 556.
(2) Sans jamais atteindre à ce point-là, naturellement. Il y a même eu une certaine réaction contre la brutalité voulue dans le langage. Mais la

Comme exemple, on peut prendre le mot *cocu*, que Rabelais
aimait tant. Ce mot, depuis longtemps, n'était plus de mise
dans la bonne société, c'est-à-dire sur la scène des théâtres
comme il faut. Même *Amoureuse*, pièce considérée comme très
audacieuse, évita de s'en servir, mais se contenta de l'indiquer par des périphrases, comme en l'appelant « le mot de
Molière » et en disant « Tu l'es ! » Dans les *Annales* de 1888
(p. 324), en le reproduisant au cours d'un compte-rendu
d'une pièce du Théâtre-Libre, le critique se crut obligé
d'ajouter : « Au théâtre naturaliste, on peut appeler les
choses par leur nom ». Mais le mot ne tarda pas, grâce
surtout à ces auteurs du Théâtre-Libre, à s'établir partout
dans les pièces contemporaines. Les personnages de Donnay
l'emploient à tout propos. Somme toute, il est si commun
qu'aucun auteur n'hésite plus à en faire usage, et aucun
critique ne le trouve assez important pour s'y arrêter.

On trouva aussi que Dumas avait beaucoup osé en employant, dans *Francillon*, l'expression « avoir la femme » de
quelqu'un. Mais nous la rencontrons bientôt dans des
tournures plus crues que dans *Francillon*. Dans *L'armature*,
de Brieux, d'Exireuil dit à sa femme : « Il t'a eue ». Dans
La douloureuse, de Donnay, nous lisons au premier acte :
« Leurs femmes !... On a la sensation très nette que le monsieur qui leur a été présenté ce soir, les aura, demain,
dans son rez-de-chaussée, pour une tasse de thé. » Dans la
« scène à faire » de *Samson*, de Bernstein, Le Govain hurle
aux oreilles de Brachart : « Je l'ai eue, ta femme ! Je l'ai eue ! »

En vérité, *Francillon*, au point de vue du langage et des
situations, loin d'être osée, nous paraît très inoffensive, ne
disons pas à côté d'une pièce style Théâtre-Libre comme
La sérénade, mais même à côté de pièces aussi raffinées et
littéraires que *L'affranchie*, *Le vieil homme*, et *Le bois sacré*.

---

tendance, qui est propre à un théâtre réaliste, est très nette. Au théâtre de
langue anglaise on la remarque aussi. Il y a trente ans, les mots « damn »
et « damned » se disaient rarement dans une pièce contemporaine américaine ; aujourd'hui, il est rare qu'on ne les y entende pas. Même « God
damn » !

Par exemple, voici la description qu'on donne de quelqu'un dans *L'affranchie* (p. 335) : « Il remplit son cabas qu'il va vider chez des vieilles grues qui, en revanche, vident moralement devant lui leur seau de toilette. » Dans *Le vieil homme*, on pourrait citer plus d'un passage du dialogue entre Michel et Mme Allain qui paraîtrait scabreux à beaucoup d'honnêtes gens. Dans *Le bois sacré*, il y a une phrase dite par un domestique russe dans ce qui passe pour du russe (en réalité ce n'est que du baragouinage), dont la traduction française rend quelque chose d'assez lascif, d'une manière symbolique mais tout à fait claire.

Les expressions « ficher » et « foutre », qu'on n'admettait pas autrefois, sont devenues communes. Dans *L'âge difficile*, Chambray dit à Pierre « Fichez-moi la paix », et quelques pages plus loin « Foutez-moi le camp ! » Dans *Le scandale*, le candidat Férioul dit au préfet : « Si vous saviez, depuis quelques heures, ce que je me fous de la République. » Dans *L'enfant de l'amour*, Maurice dit « Fous le camp » à sa maîtresse d'un ton amical. Cette locution « foutre le camp » se trouve dans des formes variées dans *L'émigré*, de Bourget, *L'âne de Buridan*, de Flers et Caillavet, et *Vers l'amour* de Gandillot.

Cependant, dans certaines pièces, et dans des pièces des mêmes auteurs qui ailleurs ont écrit ces mots en toutes lettres, on trouve encore quelquefois « ficher » ou « foutre » indiqués par une lettre initiale suivie de points suspensifs. Dans *Miquette et sa mère*, les auteurs, que le mot *cocu* n'effarouche pas, écrivent « f... le camp », et dans *Le secret*, nous trouvons le passage : « Et puis il a dit à Constant : Vous, je vous prie de me f... la paix. » Ici, c'est une vieille tante qui parle, et peut-être prononce-t-elle le passage exactement comme cela... je n'ai pas pu vérifier en voyant jouer la pièce. Mais cette explication ne suffit pas dans tous les cas. Nous venons de remarquer que les mêmes hommes qui avaient indiqué le mot par une initiale dans *Miquette et sa mère* l'ont écrit tout bonnement dans *L'âne de Buridan*, plus tard. Et dans *La rafale*, de Bernstein (comme aussi *Le secret* que nous venons de citer), lorsque dans le texte nous remarquons qu'un homme s'écrie « Nom de D... ! », nous pouvons être sûrs que dans la pièce jouée il dit « Nom de Dieu ! » Dans *L'enfant de l'amour*, l'acteur crie certainement ces mots là où le texte dit « n.. de D... ! » Dans *La cruche*, de Wolff et Courteline, la même formule « n... de D... » se retrouve deux fois, nonobstant que dans la même pièce « Dieu me damne ! » soit écrit en toutes lettres. C'est une habitude conventionnelle et plutôt absurde que d'indiquer ces expressions dans le texte par des abréviations de la sorte, car ce qui se dit sans danger devant des centaines de personnes peut s'imprimer sans danger pour la lecture isolée.

Du reste, s'il s'agit du respect dû au Créateur, il y a pire que des jurons dans plusieurs de nos pièces. Dans *La femme nue*, Bataille fait dire à la princesse de Chabrant : « Quand je veux quelque chose, Dieu cède ! D'ailleurs, il a tout à craindre de moi, Dieu... même que je casse mon mariage à Rome... Si je le désire, il faudrait bien qu'il obéisse. » Dans *La douloureuse*, Donnay met dans la bouche d'un des personnages les paroles suivantes : « A chaque instant, dans la vie, nous recevons le coup de pied qui revenait de droit au garde d'écurie, ce qui prouve que Celui qui préside aux récompenses et aux châtiments n'a guère plus de discernement qu'un cheval. Pour un justicier, ce n'est pas assez. » Mais ces extraits sont dépassés de loin par un passage de Georges Ancey dont je parlerai tout à l'heure.

La femme nue, au premier acte, reproduit le langage grossier des peintres. « Crotte ! » dit l'un, « Merde ! » dit l'autre. On parle de « vache » dans le sens figuré, de « dégueulasseries », de « foutre le camp », bien entendu. Comparez ce langage avec celui d'un groupe semblable dans une pièce plus ancienne, la « Tomate » dans *Cabotins* ! de Pailleron ; la différence est frappante. Sans doute les membres de la « Tomate », dans la vie réelle, n'auraient pas été plus raffinés dans leur conversation que les artistes dans *La femme nue*, mais cette dernière a subi une influence qui n'existait pas encore à l'époque de *Cabotins* ! *La femme nue* est la seule pièce, en dehors des *Avariés* et des *Remplaçantes* de Brieux, où j'aie trouvé le mot *syphilis*.

Il fallait une certaine audace pour écrire le « mot de Cambronne » dans une pièce, et même, quelquefois, pour le dire sur la scène (1). Cortelon le hurle à pleins poumons à la fin de *La griffe*. Dans *Le bourgeon*, Feydeau en a tiré des rires sans le faire prononcer. Un certain personnage vient de quitter un groupe où il a essuyé une humiliation. Entrent deux autres, qui l'ont rencontré comme il sortait, et qui lui ont posé une question de nature à l'irriter encore davantage. Quelqu'un dans le groupe demande ce qu'il a dit en réponse. « Il a dit : la garde meurt mais ne se rend pas », réplique l'homme qui vient d'entrer. Sa compagne, une cocotte qui probablement n'a jamais entendu parler de Waterloo, s'écrie : « Mais non ! Il a dit m... » C'est tout qu'elle réussit à articuler, car l'autre lui ferme la bouche en mettant sa main dessus, et lui explique que cela veut dire la même chose.

A côté de ces expressions, le mot *cochon* paraît très inoffensif. Ce doit pourtant être le mot que Porto-Riche, dans *La chance de Françoise*, n'a pas voulu laisser prononcer quand il fait dire à Madeleine Guérin : « Tous les hommes sont des... Je dirai le mot quand je serai sortie. » Plus tard, dans *Le vieil homme*, il permet à Michel de dire :« Il n'y a plus de vrais cochons. Je suis le·dernier. » Dans *Les hannetons* nous lisons : « Les hommes, on est tous des cochons. » Dans *L'enfant de l'amour* il a y « Salauds ! Cochons ! » et dans *La vierge folle* le duc de Charance dit « Il n'y a rien à faire contre ce cochon-là. » On trouve le mot aussi dans *La barricade* et *Le retour de Jérusalem* ; dans le dernier cas (p. 286) c'est pour faire rire.

Georges Ancey, du moins dans ses débuts, se plaisait

---

(1) Les *Annales* de 1892 (p. 475) racontent que dans une pièce intitulée *Mélie*, où ce mot est le dernier qu'on entend avant la chute du rideau, l'actrice qui devait le prononcer regimba. Voici le passage : « Ajoutons, pour être vrais, que prise au dernier moment d'une terreur, ou plutôt d'une pudeur, subite, Mlle Nau a refusé d'articuler le mot de Cambronne. Elle a eu tort : au Théâtre-libre !... »

à mettre dans la bouche de ses personnages des grossièretés inutiles. Une de ses pièces, *Grand'mère*, qui échoua, contient une scène où la mère et la grand'mère, à propos de l'état du bébé, débitent des phrases ordurières dignes de Rabelais, mais sans l'esprit rabelaisien (1). Dans *La dupe*, œuvre forte mais gâtée par l'extrême rosserie des personnages, il y a vers la fin de l'acte V un passage grossier et blasphématoire sans pareil dans les autres pièces de cette période. Les critiques, vraisemblablement, étaient habitués aux bassesses de langage quand *La dupe* a paru, car tous laissent passer inaperçues ces quelques lignes, tandis qu'ils trouvent autre part dans la pièce bien des choses à censurer (2). Même dans une pièce écrite longtemps après, *Ces messieurs*, où il a presque complètement abandonné sa première manière, Ancey a voulu faire de l'esprit sur l'accouplement d'un chien et d'une chienne devant la porte de l'église, et nous entendons une dame, dont le chien est accusé d'avoir été trouvé dans une certaine « position », nier la chose en protestant : « Je ne puis soupçonner Médor, que j'ai élevé, de passions aussi basses. »

Une pièce, si réaliste soit-elle, se trouvera forcément empêchée d'atteindre les plus bas niveaux du langage obscène, brutal, ou simplement grossier que pourraient employer dans la vie réelle les personnages vils et dégradés qu'elle est souvent obligée de représenter. La bienséance, et aussi l'art, fixent des limites. Mais ces limites, comme nous venons de l'indiquer, sont flottantes, et varient suivant la société ou la mode de l'époque (3).

(1) Le passage est cité presque intégralement dans les *Annales* de 1890.

(2) Le traducteur anglais de *La dupe* s'est refusé à reproduire ce passage, mais il n'en laisse pas ignorer la présence. Que les curieux aillent le rechercher dans l'original.

(3) Je ne discute pas la question de l'argot sur la scène. On en trouve beaucoup dans plusieurs pièces de notre liste, surtout dans *Poliche*, *La barricade*, *Le joug*, le premier acte de *La femme nue*, *Le voleur*, et *Samson*. Certaines pièces de Lavedan en contenaient tant que quelques-uns des critiques prétendaient ne pas pouvoir les comprendre (v. Lemaître, *Les contemporains*, 7e série, p. 251). Une pièce où l'argot abonde sera éphémère, parce que l'argot lui-même est si instable.

Il est admis, naturellement, qu'on donne à des personnages
de la scène un parler plus intéressant, c'est-à-dire un meilleur
style, que celui qu'on entendrait dans la bouche de personnages de la même sorte hors du théâtre. Mais un auteur
doit faire parler ces personnages comme on parle dans la
conversation ; il doit donc leur faire éviter des locutions qui
ne sont pas du français vivant et qui appartiennent à un
vocabulaire spécialisé qu'on peut appeler « livresque ».
Par exemple, on n'aurait pas dû hésiter dans le cas du mot
ça, et pourtant les auteurs réalistes de la période antérieure
à la nôtre avaient peur de ce petit vocable. Il leur semblait
trivial. C'est là une raison qui ne pouvait arrêter les auteurs
faits aux audaces du Théâtre Libre. Mais lorsqu'il s'agit de
l'emploi de l'imparfait du subjonctif et du passé défini (ou
passé simple), la plupart de ces mêmes auteurs paraissent
oublier qu'ils font du dialogue vivant ; au contraire, ils
semblent obsédés par l'idée qu'ils font de la littérature. Le
marquis qui, dans *Le bourgeon*, dit sans broncher « C'est pas »
(p. 8), dit deux fois « C'eût été » (pp. 29, 118). Dans *Les
deux hommes*, de Capus, une femme dit : « J'ai cru comprendre
qu'il eût accepté de bonne grâce que je devinsse sa maîtresse »
et dans la même pièce, on trouve une phrase qui commence
ainsi : « Fussent-ils frères, fussent-ils époux, ils ne pourront ».
Dans *Les vainqueurs*, de Fabre, Dreyer dit (p. 116) : « Si je
croyais que vous voulussiez bien accepter », et ailleurs dans
la pièce, Daygrand préfère « Eussé-je attendu longtemps » à
la forme vivante et beaucoup plus naturelle « J'aurais attendu
longtemps ». Sans essayer de faire un dénombrement complet
et rigoureusement exact, ou de comparer la proportion des
cas de l'emploi de l'imparfait du subjonctif et celle de l'emploi
du présent du subjonctif après un temps passé dans la proposition principale, j'ai réuni suffisamment d'exemples pour
montrer qu'on trouve l'imparfait chez un assez grand nombre
d'auteurs. Dans tous ces exemples, la langue vivante, que les
personnages sont censés parler, exigerait l'emploi du présent
du subjonctif ou bien du conditionnel. Au lieu de dialogue
vrai, réaliste, nous avons de la convention littéraire.

Le duel (Lavedan). P. 122 : « M'eussiez-vous quittée ? » et p. 123 : « Si j'avais la foi, vous eussé-je écouté ? »

Georgette Lemeunier (Donnay). P. 124 : « Si ça n'avait pas été ça, c'eût été autre chose. »

Le retour de Jérusalem (Donnay). P. 250 : « J'ai indiqué comment je désirais qu'ils fussent placés. »

La barricade (Bourget). P. 8. « Il a désiré que je ne revisse sa fille qu'après. »

Bagatelle (Hervieu). P. 16 : « Je ne voudrais cependant pas qu'il pût y avoir une interprétation malencontreuse de mes paroles. » P. 24 : « Il eût été noble à vous de ». P. 25 : « Il faudrait que vous fussiez, n'est-ce pas, des criminels d'une espèce bien lâche ? » P. 28 : « J'y serai prêt dans l'avenir, ainsi que je l'eusse fait dans le passé. »

Quelquefois on trouve des parallèles de la forme vivante et de la forme « livresque » dans la même pièce. Par exemple, dans *Bagatelle*, nous lisons à la page 2 : « Il a suffi naguère que l'on me signale votre triste situation pour que je me charge de vous », et à la page 3 : « Elle a désiré que je lui fasse la lecture. » Bourget, dans *L'émigré*, commet l'inconséquence de faire dire à un chauffeur, dont le langage est imprégné d'argot : « Je voudrais que vous le vissiez », et un peu après : « Je voudrais que vous le voyiez » (Acte III). Dans *Miquette et sa mère* (p. 19), on trouve la forme vivante : « Ma jeunesse s'était passée sans que je m'en aperçoive ». Dans *Le roi* (acte I, scène IV), les mêmes auteurs veulent montrer qu'il y a hésitation entre les deux formes, dans une conversation entre Marthe, une femme sans beaucoup d'instruction, et Suzette, qui est plus jeune et qui a étudié les règles de la grammaire.

SUZETTE. — J'avais peur que vous ne fussiez sévère.
MARTHE. — Soyez.
SUZETTE. — Mais non... fussiez.

De même, dans *La bourse et la vie* de Capus, Hélène dit à Le Houssel : « Vous désireriez que je trompe... que je trompasse... on doit dire que je trompasse, c'est plus correct. »

Dans la même pièce, Jacques dit : « Tu as voulu que je me ruinasse... tu as voulu que je fisse la connaissance de Brassac. »

Je n'ai pas essayé de faire de la statistique pour le passé défini, pas plus que pour l'imparfait du subjonctif. Mais voici quelques exemples. J'ajouterai que la personne qui parle n'est nulle part désignée comme un méridional, chez qui on s'attendrait à trouver le passé défini.

Le duel (Lavedan). L'évêque dit (p. 186) : « Et quand, à Rome, vous eûtes la joie de dire à mes côtés votre première messe. »

Connais-toi (Hervieu). Anna dit (p. 373) : « J'ai perdu la tête lorsqu'il m'eut déclaré qu'il se tuerait ! » Nous avons ici non seulement le passé antérieur, qu'on n'entend presque jamais dans la conversation, mais aussi un manque de concordance entre les temps des verbes *perdre* et *déclarer*.

Le passé (Porto-Riche). Curieux mélange des deux temps (acte I, scène VII). Dominique dit : « Il était né infidèle, et je fus tout de suite malheureuse. Ça n'a pas été long. La première fois, je me suis révoltée, j'ai crié, et j'ai pardonné. Puis, ce fut une autre trahison, puis une autre. Notre vie devint un duel furieux et quotidien, où je déshonorai ce qui me restait de fier. »

Les éclaireuses (Donnay). Mme Orpailleur dit (p. 197) : « Eh bien, mesdames, vous fûtes oublieuses et ingrates ».

Bagatelle (Hervieu). Florence emploie le passé défini pour raconter à son mari quelque chose qui a eu lieu trois heures auparavant : « Je le vis jeter un regard circulaire sur les convives » (p. 14). Juste avant ce passage, on en trouve un de Gilbert, avec mélange des deux temps : « Si vous vous êtes prêtée au dialogue quand il en fut à ce degré-là ».

La danse devant le miroir (de Curel). Régine fait allusion à un événement de la nuit passée avec la phrase : « Ainsi fîtes-vous ! » (p. 102).

Dans *Monsieur Brotonneau*, de Flers et Caillavet, Brotonneau raconte toute l'histoire de sa découverte de l'infidélité de sa femme ; il n'y a qu'une heure depuis l'événement, mais tous les verbes sont au passé défini. On trouve le passé défini dans des circonstances plus ou moins pareilles dans *Joujou*, *Les marionnettes*, *Amoureuse*, *Servir*, etc.

Si un auteur est assez heureux pour avoir le don de l'esprit, il a raison de s'en servir. Une pièce pleine d'esprit est généralement conventionnelle, parce qu'on ne trouve à peu près jamais dans la vie un pétillement continu de phrases spirituelles, mais c'est une convention bien admissible, une simple exagération qui ne trompe personne et qui rend la pièce plus intéressante. Parmi les auteurs de notre liste, Donnay, de Flers et Caillavet, et Capus brillent surtout par cette qualité. Brieux n'en a pas le don et il le sait. De Curel en manque totalement. Becque, avec toute son ironie, n'a pas d'esprit (1), et Hervieu en est à peu près dépourvu. Le docteur dans *Les paroles restent*, qu'il a voulu faire comique, n'est pas très réussi. Il y a cependant dans *La course du flambeau* (acte I), un passage vraiment amusant (de l'humour plutôt que de l'esprit), où une dame qui voudrait être du beau monde écoute avidement, et encourage même, les propositions timides d'un jeune homme qu'elle prend pour les commencements d'une déclaration d'amour à elle-même ; lorsqu'elle apprend que le jeune homme désire seulement épouser sa fille, qu'elle a toujours essayé de maintenir dans une position complètement secondaire, son dépit est indicible.

Chez Donnay, le défaut de l'esprit est dans son abondance même. Il a certaines tournures épigrammatiques, certains procédés d'antithèse, qui à force de répétition perdent de leur fraîcheur, et ont trop l'air d'être travaillés. Il aime des passages comme les suivants :

PHILIPPE. — L'amour me fait voir l'humanité en mauve.
ANDRÉ. — Et moi en fauve !
(La douloureuse).

(1) Exemple de l'esprit de Becque. Dans *La navette*, Antonia lit un sonnet qui lui a été adressé, et arrivée à la fin, elle dit : « L'auteur s'appelle ? Armand fé... fé... Félix, non, pas Félix... Armand fecit... Fecit, c'est son nom de famille. »

CLIFFORD BISSELL.   10

Yorick-Lambert. — Il n'y a pas un homme à Paris, j'entends de ceux qui s'occupent de certaines affaires, qui ne soit écrouable.

Ardan. — Vous allez un peu loin ; d'abord qu'entendez-vous par de certaines affaires ?

Yorick-Lambert. — Dame, des affaires incertaines.

(Ibid.)

Soindres. — Ça peut être intéressant... une psychologie de la reconnaissance.

Boisdugand. — C'est un sujet ingrat.

(L'escalade).

« Nous faisons vivre des milliers de travailleurs. »

« Il vaudrait mieux faire travailler des milliers de viveurs. »

(Paraître).

Un de ses personnages dans *La douloureuse* fait allusion à « Bladru, le député du Gers, celui qui a proposé l'impôt sur le parvenu » ; un autre parle des seigneurs d'aujourd'hui, « Ardan la Fécule, Ratinel le Caoutchouc, Godefroy des Bouillons ». « Avez-vous des nouvelles de Ratinel ? » demande Yorick-Lambert à propos d'un financier qui a été arrêté. « Non, dit Ardan, l'instruction suit son cours. » Le journaliste répond : « C'est vraiment l'instruction laïque et obligatoire : ils l'ont assez réclamée vos amis, à la Chambre. » On parle d'un livre dans lequel hommes, femmes et enfants sont dépeints comme des monstres ; c'est uniquement pour apprendre qu'il porte le titre *Méthode pour être optimiste.* Un député a ouvert une lettre adressée à sa femme et marquée « urgent » ; on explique : « Il avait sans doute lu argent... un député. »

Donnay abuse un peu des calembours purs. Dans *Georgette Lemeunier*, on parle d'un homme dont la femme est allée en Amérique : « Au bout de six mois de mariage, ils font déjà deux continents ». Ned avait fait commande à son bijoutier d'un rubis pour sa maîtresse et d'une émeraude pour sa femme ; le bijoutier a confondu les deux écrins et la femme a reçu le rubis accompagné d'une communication amoureuse adressée à la maîtresse : on dit du bijoutier qu'il « a fait de deux pierres un coup épouvantable ». D'un mari complaisant, on dit au sujet de sa conduite envers sa femme : « Il lui rend égards pour écarts ». Journay dit des femmes : « J'ai toujours été avec elles d'une telle correction que souvent elles étaient obligées de me rappeler aux inconvenances. » Dans *Le retour de Jérusalem* nous lisons : « Vous n'aimez pas les jeux de satiété. » De quelqu'un qui souffre d'une maladie, on dit : « Elle voit la vie avec les yeux du foie ». D'une autre personne, qu'elle est « un produit de l'école anormale ». Dans *Les éclaireuses*, il y a le passage suivant :

« J'ai été obligée de dégager la princesse... J'ai vu le moment où elle allait être étouffée, tant on la pressait, là, dans ce coin. »
« Oh, je ne me plains pas, c'était une bonne presse. »

Dans *L'escalade*, il y a un calembour vraiment bon. Il s'agit d'une dame qui devint la maîtresse d'un monsieur après que ce dernier eut escaladé un mur pour arriver à sa chambre. Voici la conversation :

« Et son mari... qu'est-ce qu'il faisait pendant ce temps-là ? »
« Il était à l'armée. »
« On le serait à moins. »
« Il était aux armées du roy » (*sic*).

Ce calembour a l'air d'être tout spontané. L'auteur l'a voulu, sans doute, mais les personnages qui parlent l'ont fait sans intention. Par contraste, dans *L'enfant de l'amour*, on nous dit que Rantz acquit une telle renommée par ses débauches qu'on le surnomma « le Rantz des vaches ». Rien là de spontané ; au contraire, le lecteur soupçonne que Bataille a donné le nom de Rantz à son personnage exprès pour pouvoir faire ce calembour. Soupçon juste ou injuste, que sais-je ? mais en tout cas soupçon légitime.

Quand nous en venons à examiner l'emploi des langues étrangères dans les pièces, nous trouvons que l'anglais prime toutes les autres réunies. Au premier acte d'*Amants*, de Donnay, et des *Ventres dorés*, de Fabre, il y a un peu d'allemand, et dans *Les ventres dorés*, deux phrases d'arabe. Dans *Le duel*, de Lavedan, quelques mots de chinois. Dans *Le phalène*, de Bataille (acte II), des bouts d'italien ; dans *Amants*, une phrase dite par un Italien « dans son patois » (le texte ne donne pas les mots mêmes). Ajoutons un tout petit peu d'allemand de la part d'une *fraülein* dans *L'enchantement*, et le « russe » (du cru des auteurs) dont nous avons déjà parlé dans *Le bois sacré*, et nous aurons épuisé les sources de langues étrangères autres que l'anglais.

On trouve des expressions anglaises dans presque le tiers de notre liste de pièces. Cela donne un certain cachet d'élégance de savoir parler un peu d'anglais. Dans *Miquette et sa mère*, Mme Grandier le dit : « J'aurais pu être une femme du monde, connaître l'élégance, le luxe, enfin prendre le thé, dire des mots anglais. » Nous savons que chez nous en Amérique, et en Angleterre, une connaissance de la langue française produit le même effet. Les pièces qui mettent tant de mots anglais dans la bouche de leurs personnages, surtout quand ces personnages appartiennent au « smart set », ne font en cela que copier la vie. Certains mots, comme *bluff*, *gentleman* (1), *spleen*, et d'autres, s'emploient sans que ceux qui les disent semblent avoir conscience du fait qu'ils se servent de locutions étrangères. Et souvent on préfère des mots anglais à des mots français également précis : tels *season*, *window*, *rocking-chair*, *bull dog*, *speech*. C'est quelquefois l'auteur lui-même qui emploie ces expressions, en indiquant les décors (2).

---

(1) Dans *Le détour*, Bernstein, parlant pour lui-même, va jusqu'à décrire une femme, la princesse Uranu, comme « très gentleman ». Certaines expressions, anglaises de forme, sont devenues françaises par la signification, de sorte qu'un Anglais ne sachant pas le français n'y comprendrait rien. Par exemple, du participe présent anglais pour *fumant* les Français ont fait un substantif, *smoking* ; d'un mot qui signifie en anglais plusieurs choses mais jamais l'acte de marcher, ils ont fabriqué le barbarisme *faire du footing* ; ils ont fait un seul substantif de deux mots qui sont un impératif, *shake hands*, en laissant de côté le véritable mot anglais *handshake*. On trouve souvent des cas comme *smoking*, où d'une locution anglaise composée d'un nom et d'un adjectif, les Français ne retiennent que l'adjectif, dont ils font un nom, avec une *s* au pluriel : ainsi *sleeping* pour *sleeping car*, *rocking* pour *rocking chair*, *Christmas* pour *Christmas card*. De tels mots, surtout les adjectifs avec *s*, nous paraissent très bizarres.

(2) Il faut ajouter que nos auteurs ont quelquefois commis, en voulant se servir de mots anglais, d'affreux solécismes. Dans *Les paroles restent*, on trouve le barbarisme *cinq o'clock* ; dans *Le député Leveau*, l'affront à la

La période durant laquelle les Anglais se trouvèrent impopulaires en France, c'est-à-dire de 1898 à 1905 environ, ne fit pas diminuer la vogue des mots anglais dans les pièces de cette période. Il convient de faire remarquer, du reste, que ces échantillons de la langue anglaise ne se trouvent en grand nombre que chez Donnay, Bernstein et Bataille ; chez les autres auteurs, ils sont éparpillés.

Dans la plupart des cas où l'on trouve des mots anglais, c'est dans la bouche de personnages français. Qu'arrive-t-il quand ce sont des Anglais ou des Américains qui les disent ? Presque toujours, il arrive qu'on tombe dans le conventionnel. Un dramaturge français, voulant représenter sur la scène un étranger parlant comme sa langue maternelle une langue autre que le français (dans ce cas l'anglais), a le choix de trois méthodes. Le personnage peut être représenté comme un étranger ignorant totalement le français. Ou il peut parler un français écorché, imparfait, risible. Ou il peut avoir acquis une connaissance du français au point de ne plus avoir l'air d'un étranger.

Que le dramaturge choisisse l'une de ces trois méthodes, n'importe laquelle : il se heurte aussitôt à des difficultés. Il y a un défaut fondamental à la première ; la plus grande partie du public ne comprendra pas ce que dit le personnage. Donc, ce type d'étranger sera rare. Tristan Bernard, cependant, l'a réussi dans *L'anglais tel qu'on le parle*. Mais c'est une pièce très courte et très légère , et encore faut-il reconnaître que l'anglais que parle Hogson est un désavantage, car il y en a des passages assez étendus pour que le spectateur qui ne le comprend pas perde une certaine partie du plaisir légitime que la pièce pourrait lui faire éprouver. Cette pièce est

grammaire *struggle-for-lifer* ! Dans *La marche nuptiale*, pour le mot *over-coat* l'auteur a écrit *cover-coat* et *covert-coat* ; dans *Poliche*, *sherry cobblers* devient *scherrys-goblers* ; dans *L'enchantement*, Georges demande « Mon lemonscoach est sucré ? » quand il veut dire « lemonsquash ». Des exemples comme *gril-room* pour *grill room*, *barkiper* pour *barkeeper*, *dopping* pour *doping*, *breack* pour *break*, *watring places* pour *watering places*, sont peut-être des coquilles.

populaire parmi les « cercles français » en Amérique, précisément parce que les spectateurs qui assistent aux représen-
tations d'amateurs que donnent ces cercles savent les deux
langues. *L'anglais tel qu'on le parle* ne convient vraiment
qu'à un public qui comprend le français et l'anglais.

Le deuxième type, celui de l'étranger qui parle mal le
français, semble se prêter le mieux aux effets voulus pour le
théâtre. Mais il est très difficile à réaliser. Ordinairement, il
faut lui faire parler deux langues ; donc, le dramaturge doit
connaître ces deux langues. Evidemment, celui-ci connaît
son français, et cependant, c'est le français plutôt que la
langue étrangère qui est la pierre d'achoppement. Car il ne
suffit pas de pourvoir votre personnage d'une mauvaise
prononciation et de le laisser débiter des fautes de français
quelconques. Il faut encore que ces fautes soient celles que
seraient porté à faire un personnage de cette nationalité. Mais
le plus souvent, quand nous voyons un Anglais ou un Américain de ce type sur la scène, non seulement il fait des fautes
que l'habitude de sa propre langue ne lui suggère pas, mais il
y mêle des phrases de français beaucoup trop correctes, trop
idiomatiques, trop spéciales, pour qu'elles puissent sortir
de la bouche d'un homme qui en même temps commet des
erreurs si grossières. La majorité des spectateurs, ne sachant
pas bien eux-mêmes l'anglais, demeureront peut-être
ignorants de tout cela ; le personnage n'en reste pas moins
conventionnel et contraire à la vérité.

Un exemple démontrera mieux que toute critique générale
ce que je veux dire, et nous en trouvons un — ou plutôt
deux — dans une pièce de Brieux, *La Française*. Charles
Gontier, quoique né de parents français, a reçu toute son
instruction aux Etats-Unis. Son ami Bartlett, qui est riche
et propriétaire d'un gros *ranch* au Middle West, a appris tout
ce qu'il sait de français d'un associé français et des livres.
Ils apparaissent, l'un quelques moments après l'autre,
chez une famille française. Ils commencent par demander :
« Vous ne parlez pas anglais ? » et la réponse étant négative,
ils ajoutent : « Je le regrette (C'est fâcheux), parce que cela

eût été plus commode pour moi. » Voilà un cas entre tous où
l'imparfait du subjonctif est déplacé ; comme il n'y a rien
qui y ressemble dans la langue anglaise, ces Américains
auraient naturellement employé le conditionnel « aurait ».
Mais nous nous demandons, en suivant leurs mouvements
dans la pièce, pourquoi ils ont voulu parler anglais, car ils
ont tôt fait de nous montrer qu'ils savent cette langue moins
bien que le français. Le français que parle Gontier ne révèle
pas la moindre nuance d'influence étrangère ; quant à
Bartlett, il intercale bien çà et là un mot anglais, mais c'est
uniquement pour se maintenir dans son rôle ; à part cela, il
parle un français irréprochable. Il ne se trompe pas une seule
fois de genre ni de préposition, se meut à l'aise parmi les
gallicismes, cite des proverbes, fait même un calembour
(p. 50), et à propos d'un jouet mécanique qui ne marche pas,
explique : « C'est un ressort qui est sorti de l'encoche contre
laquelle il doit buter ». Chose presque incroyable de la part
d'un homme qui n'a pas une longue et constante habitude
de la langue, et cependant, l'homme qui fait ces prodiges
ne sait pas des mots aussi communs que *réussir* et *effort* —
ce dernier étant tout pareil en anglais. C'est déjà bien, mais
il y a mieux. Si ces deux Américains parlent un français
d'une correction surprenante, en revanche, aussitôt qu'ils
se mettent à parler anglais, ils font des fautes grossières.
Au premier acte, Bartlett demande à Charles : « You have
broken with Mrs. Margaret, it's not ? » phrase qui devrait
être « You have broken with Miss Margaret, haven't you ? »
(Cette « Mrs. Margaret » est une jeune fille ; le plus probable,
c'est que Bartlett aurait dit « Margaret » tout court, ou en
y ajoutant le nom de famille, mais sans « Miss » ou à plus forte
raison « Mrs. »). Un peu plus loin, Bartlett se sert d'un mot
mystérieux *rempling*, qui paraît se traduire en français par
froissement, mais qui n'est pas de la langue anglaise (1). Et
lorsqu'il demande, deux fois, à Charles si le mot français

____

(1) Il y a un mot *rumpling* en anglais, mais il serait inapplicable dans le
texte.

qu'il vient d'employer est correct, ce dernier lui répond
« Well » (1). Ces deux Américains, qui nous sont présentés
sérieusement, sont des types dignes tout au plus, quant au
langage qu'ils parlent, d'une pièce du genre vaudeville ou
burlesque.

Dans *L'enchantement*, de Bataille, il y a ce passage terrible
de soi-disant anglais :

ISABELLE. — « Will you have cigarette, miss ? »
JEANNINE. — « Certainly. »
ISABELLE. — « Take. »
JEANNINE. — « Well. »

A part le mot « certainly », à peu près tout dans ce bout
de dialogue est faux, mais il serait facile à l'auteur de riposter
qu'il n'y a rien là de contraire à la vérité, parce que les
personnages qui parlent sont des Françaises. Ce n'est pas le
cas de Gontier et Bartlett.

Le troisième type d'étranger, celui qui sait le français
parfaitement ou quasi-parfaitement, semble pouvoir éviter
tous les écueils du langage. En effet, on n'a qu'à lui donner
un nom anglais, ou allemand, ou italien, indiquer, si l'on
veut, qu'il a un léger accent, et le laisser parler français.
C'est ce qu'on trouve dans des exemples comme le Suédois
Angel dans *Le bercail*, le Norvégien Menkjer dans *L'escalade*,
l'Italien Rolsini dans *La femme nue*, le Roumain Artanezzo
dans *Le scandale*, la mère de Thyra, laquelle est Hongroise,
dans *Le phalène*, Edwige, Hongroise aussi, dans *Les flambeaux*. L'inconvénient, c'est que des personnages comme
ceux-ci ne sont étrangers que par le nom ; la tentation est
toujours présente de leur faire dire quelques mots dans leur
langue maternelle, pour bien montrer ce qu'ils sont. Voilà
précisément ce qu'ils ne feraient pas dans la vie réelle, en
parlant à des Français. Dans *Maman Colibri*, de Bataille,
l'Américaine Miss Deacon, qui parle couramment le français,

(1) En réalité il aurait dit « Right » ou « All right » ou « That's right ». Le
mot « well » signifierait seulement « Eh bien ? »

appelle Georges « dearest » ; dans *Un grand bourgeois*, de Fabre, l'Anglais Spark dit « All right » à Matignon, et le reste du temps il parle un français tout à fait parisien. Sam Smithson, le journaliste américain dans *Vers l'amour*, de Gandillot, connaît le français, y compris l'argot, à tel point qu'un Parisien l'appelle « L'homme le plus né à Montmartre que je connaisse », mais il faut qu'il dise : « Good evening, ladies and gentlemen ! » et « Good by ! To morrow ! » pour montrer qu'il est vraiment un Américain. Dans *Le partage*, Guinon ne trouve rien de mieux à mettre dans la bouche d'une gouvernante anglaise que les mots « Oh ! yes ! » — justement les mots qu'une personne anglaise, sachant assez de français pour se faire comprendre, ne dirait jamais à des Français.

Dans *L'habit vert*, de Flers et Caillavet, la duchesse est presque réussie comme personnage américain. Elle dit des phrases, « Procurez-moi Bobby », et « Portez-le dans le soleil », qui sont vraiment des expressions anglaises trop littéralement traduites en français. Malheureusement tout ce qu'elle dit n'est pas aussi bon que ceci. Mais c'est un personnage comique dans une pièce très légère.

Dans *Les éclaireuses*, Donnay introduit une « suffragette » anglaise, Mrs. Schmidt (je ne sais pourquoi il lui a donné ce nom allemand), que tout le monde appelle « Mistress Schmidt », ce qui est plus français qu'anglais. Elle tient des deux derniers types d'étranger que nous venons de discuter. Les indications de l'auteur hors du texte disent : « Elle parle très bien le français avec un amusant accent anglais », mais elle fait quelques fautes, comme de dire « faire le navet entre Paris et London », et se rapproche du troisième type en disant « good bye » à ses amies françaises. D'ailleurs, son anglais laisse à désirer par endroits. Elle parle d'un « untergrade de Cambridge » (cela sent l'allemand de nouveau), et deux fois elle fait allusion à « Holloway Goal » quand elle veut dire « Holloway Gaol (1) ». Et elle dit qu'une casquette, qu'elle

____

(1) « *Gaol* » signifie *prison* ; *goal* signifie *but*.

avait prise à « l'untergrade », l'accompagnait partout et « présidait à tous les cocoa-party (1). »

Il est peut-être inévitable, du moins dans certains cas, que les personnages parlant un dialecte, sinon une langue étrangère, soient un peu conventionnels sur la scène. A ce propos, George Arliss, l'acteur anglais bien connu, rappelle une pièce où il y avait des rôles de dialecte écossais. On avait fait l'expérience de donner ces rôles à de vrais Écossais parlant le dialecte comme langue maternelle, mais on dut en revenir à des acteurs ordinaires : les Écossais ne pouvaient résister à la tentation de montrer leur maîtrise du dialecte, et ils la montrèrent si bien que personne ne les comprit. C'était nuire à la pièce (2).

Mais des faits comme celui-ci ne rendent pas plus admissibles des personnages étrangers qui ne sont que grotesques, qui parlent mal leur propre langue et mêlent dans leur français des constructions savantes et des fautes puériles. Je recommande à tout dramaturge qui veut mettre en scène un personnage qui ne parle pas couramment le français et dont la langue maternelle est, par exemple, l'anglais, ou bien d'avoir lui-même une excellente connaissance de l'anglais, ou bien de se procurer la collaboration de quelque Anglais ou Américain qui sait le français.

(1) Je ne sais pas si ce mot *cocoa party* est courant en Angleterre ; je ne l'ai jamais entendu, mais le mot *tea party* est connu partout. Une Anglaise aurait dit « cocoa parties » au pluriel. Pourquoi Donnay fait-il *garden party* féminin (dans *L'autre danger*), et *cocoa party* masculin ?

(2) Voir l'article très intéressant de George Arliss « Realism on the Stage », dans l'*Atlantic Monthly*, avril 1923.

CHAPITRE VI

CONCLUSIONS

En comparant le théâtre contemporain avec celui qui
l'a précédé, devons-nous conclure qu'il a continué de pro-
gresser, dans le sens qu'a indiqué Des Granges, c'est-à-dire
dans « la tendance à représenter un maximum de réalité » ?
D'abord, pour ce qui est des conventions extérieures, nous
pouvons sans hésiter dire « oui ». Nous avons constaté que le
dialogue, les expressions, le langage en général, ainsi que le
jeu des acteurs, sont devenus plus vrais, et que des procédés
conventionnels comme les monologues, les aparté, les « conversations non entendues », s'ils ne sont pas encore abolis, sont
beaucoup moins nombreux et moins importants qu'autrefois.
Tout cela donne sur la scène une impression de réalité plus
forte. Il est vrai que certaines choses, comme les actes et les
tableaux, la division en scènes, le mot *comédie*, sont restés
conventionnelles, mais ces conventions-là, tout en étant
fondamentales et appartenant à l'essence même de la pièce,
ne sont pas évidentes quand la pièce est jouée, et ne nuisent
point à l'impression de réalité qu'elle peut produire.

Les dramaturges contemporains ont subi deux influences :
une influence naturaliste et une influence romantique. Nous
avons déjà parlé de la première. C'est surtout elle qui est
cause de la disparition de la *pièce bien faite*. Cette disparition
ne s'accomplit pas sans un certain malaise ; Sarcey, notamment, regretta la période de Scribe et accusait les pièces
contemporaines de ne pas préparer les situations, d'être à

peu près dénuées de forme, de remplacer l'action par la
psychologie, et d'éluder les dénouements. On disait aussi que
les auteurs contemporains étaient cyniques, pessimistes, et
morbides. Il y a du vrai dans tout ceci. On ne pouvait pas
subir fortement l'influence naturaliste sans écrire des pièces
désagréables. Quelques auteurs poussèrent cette tendance
au plus haut point afin de faire sensation, mais les plus
sincères voulaient seulement approcher autant que possible
de la réalité.

Si cet effort vers la réalité produit souvent de nouveaux
aspects du conventionnel, c'est surtout parce qu'il y avait
une recette réaliste ; cette recette, qui dérive du naturalisme,
donne plutôt une fausse apparence de réalité que la réalité
même... j'entends dans la mesure où elle est possible au
théâtre. Quelles que fussent les idées de Zola, dans la pratique
le principe du naturalisme était de montrer les hommes et
leur vie sous un aspect désagréable, et fréquemment excep-
tionnel et anormal, mais en tâchant de le faire accepter
comme naturel et journalier. D'ailleurs, on réagissait contre
les préceptes moralisateurs de l'école de Dumas. Et cependant, la période contemporaine produit bientôt à son tour
des pièces moralisatrices, et aussi des pièces à thèse.

La plupart des pièces d'Hervieu exposent quelque tare
de la société contemporaine ; celles de Brieux encore davantage, et généralement en proposant des remèdes (1). Mais les
pièces d'Hervieu ne font pas tout plier aux exigences de la
thèse, et on n'y entend pas toujours la voix de l'auteur,
comme trop souvent dans celles de Dumas. Quant à Brieux,
c'est un réaliste, et malgré la thèse, on croit à la vérité de la
plupart de ses personnages ; ils parlent pour eux-mêmes, et
il y en a qui sont admirablement vivants. Et puis, non
seulement les personnages, mais aussi les sujets et les
problèmes qu'aborde Brieux sont infiniment plus variés
que ceux de Dumas. Ancey, qui fut dans ses débuts

____

(1) Brieux, Hervieu et Prévost furent associés à un comité qui devait re-
viser le Code civil. (Kahn, *Le théâtre social en France*, p. 44).

un naturaliste outré, auteur de pièces « rosses », finit par écrire *Ces messieurs*, où il se fit un devoir de montrer au public certains abus et dangers (1).

Il y a des types conventionnels de personnages, mais c'est là aussi que nous trouvons tant de types vrais. La transformation de la noblesse, l'essor des barons de la Bourse, sont des faits. Le noble irréconciliable existe encore, bien que des échantillons comme ceux des *Fossiles* soient tout à fait exceptionnels. Nous rencontrons très souvent, un peu trop souvent, des propriétaires d'usine, mais c'est un indice de l'importance croissante de l'industrie dans la vie réelle. Nous voyons aussi que certains types étaient devenus tellement importants sous des aspects spéciaux, qu'en les représentant le dramaturge était naturellement porté à accentuer ce qui frappait le public, au risque de faire des poncifs. Par exemple, le Juif est toujours riche, avide de gain, et désireux de se pousser dans le monde élégant : on ne nous le montre jamais comme philanthrope désintéressé ou comme musicien ; il existe pourtant beaucoup de philanthropes et de musiciens juifs très connus.

D'autre part, si nous trouvons tant de vieux libertins, de pères et de fils crapuleux, de paysans brutaux et durs, de gens sans cœur et sans morale, c'est parce que les dramaturges voulaient peindre une société matérialiste, et en suivant la recette des naturalistes, ils choisissaient forcément des manifestations peu flatteuses du caractère humain. Partout, même dans les menus détails, nous remarquons l'effort qu'on fait pour donner un simulacre de la réalité (2).

---

(1) *Annales*, 1905, compte-rendu de *Ces messieurs*.

(2) Un exemple, c'est la fréquence des allusions contemporaines dans les pièces. Nos auteurs ne craignent pas de faire ainsi de la publicité pour des maisons ou des articles de commerce, ni de laisser dire des choses qui ne flattent pas des gens très en vue. Dans *La marche nuptiale*, on dit qu'un certain piano doit être bon puisque c'est un Pleyel ; dans *Le voleur* et *La rafale*, on parle de robes faites par Paquin ; dans *Un divorce*, de robes faites par Worth. Dans *Samson*, il y a une orgie au Café de Paris. Autre part, il y a des enfants « très Liberty, english warehouse » (*sic*), des meubles de chez Allez », une « redingote Belle Jardinière », des automobiles Peugeot,

Mais nous trouvons, à côté de l'influence naturaliste et mêlée avec elle, l'influence romantique. Elle est le plus frappante chez Bataille, qui considérait le théâtre comme une forme d'expression poétique et qui se regardait lui-même comme un poète avant tout (1). Dans ses grandes lignes et dans ses détails (le caractère exotique de la maison de Thyra, l'épisode du tombeau du poète en Sicile, la mort de Thyra), *Le phalène* est une fantaisie romantique empreinte de natu-

Renault, Mercédès. Dans *La femme nue*, Bataille attribue au peintre Degas un bon mot au sujet de ses personnages Pierre et Loulou. Il y a des allusions défavorables aux œuvres de Zola dans *La navette* et *Révoltée* ; dans *Les flambeaux*, à propos de la découverte par le docteur Bouguet du microbe du cancer, quelqu'un s'écrie : « Ce que Doyen va être furieux ! » et à propos d'une affaire sérieuse : « Déjà quelques indiscrétions ont été commises dans la *Revue Bleue*. » Dans *La barricade*, Gaucherond parle de son « petit fort Chabrol » : combien de personnes comprennent cette allusion aujourd'hui ? (Il s'agit d'un nommé Jules Guérin qui barricada sa maison dans la rue de Chabrol contre la police en 1899). Dans *Décadence*, nous apprenons qu'Ernest Renan a dîné avec la famille juive des Strohmann. Dans *La douloureuse* (p. 259), il y a une allusion transparente à l'ex-impératrice Eugénie ; ailleurs, on trouve mentionnés des personnages contemporains comme Inaudi le calculateur, Mme de Thèbes la clairvoyante, le clown Chocolat du Nouveau Cirque, Clemenceau, Briand, Caruso, Ribot, Denys Cochin (on compare l'éloquence de ces deux derniers désavantageusement à celle de Thibault de Clar, dans *Israël*), etc. Dans *Joujou*, Max décrit une panne d'automobile qui l'a retardé ; il parle du carburateur et nous fait savoir, en termes vraiment très simples, ce qui en a causé le mauvais fonctionnement. En ce faisant, il est censé être ridicule (il l'est partout dans la pièce), et les observations sarcastiques des autres personnages montrent bien qu'ils ne comprennent mot à ce qu'il dit. La scène devait être comique parce que le public d'alors (1902) était également supposé ignorant des fonctions et de la construction d'un carburateur, chose que tout le monde sait aujourd'hui. Remarquez cependant que les allusions politiques contemporaines sont très rares dans nos pièces ; on craignait sans doute la censure. Par exemple, l'affaire Dreyfus est à peine mentionnée, et dans deux pièces seulement, *Israël* et *Georgette Lemeunier* : dans cette dernière, on n'entend même pas le nom de Dreyfus, et on nous dit seulement que tous les membres d'un groupe qui discute « l'Affaire » sont d'accord, mais nous ne savons si c'est pour ou contre Dreyfus.

(1) Voir ce que dit Bataille sur les critiques du *Phalène*, dans le numéro de l'*Illustration* contenant cette pièce. Bataille fut l'auteur de trois volumes de poèmes, et G. Roulhac en dit : « L'avenir nous montrera peut-être que dans ce grand artiste aujourd'hui disparu le poète fut encore supérieur à l'auteur dramatique. » (*La Grande Revue*, avril 1922).

ralisme. Grâce de Plessans, dans *La marche nuptiale*, a des allures romantiques. Mais le milieu représenté est très réaliste ; réaliste aussi le langage du prince et de Thyra aux deux premiers actes du *Phalène*. Bouguet, dans *Les flambeaux*, prononce des paroles, des passages entiers, empreints de lyrisme romantique, mais ce Bouguet n'est ni artiste, ni musicien, ni poète ; c'est un savant dans le domaine de la science médicale. Dans toutes les pièces de Bataille on retrouve le mélange du langage romantique et du langage naturaliste. Les suicides et les duels, chers aux romantiques, ne manquent pas non plus chez lui ; trois de ses héroïnes se donnent la mort, trois autres veulent se la donner, et un de ses héros meurt dans un duel.

L'atmosphère romantique se retrouve aussi dans certaines pièces de Curel, telles que *Les fossiles, La nouvelle idole, La danse devant le miroir*, dans *L'amour défendu* de Wolff, dans *Le partage* de Guinon (même dans des détails comme le caractère de Raymond, « né vaincu »), dans *Le vieil homme* de Porto-Riche, avec son lyrisme érotique et l'orage qui fait pressentir la mort d'Augustin, et dans bien d'autres. On considère le rachat d'une courtisane comme un sujet romantique dans *La dame aux camélias* ; que dire alors du rachat d'une prostituée, dans *Le ruisseau* ?

Je crois même qu'il faut attribuer surtout à l'influence romantique la prédominance du thème de l'amour (et j'entends par là l'amour tel que nous le trouvons représenté ici, l'amour déchaîné et tout puissant), dans le théâtre contemporain [1]. Car il ne devint général qu'après le développement du Romantisme comme mouvement littéraire. Molière, auteur réaliste lui aussi, le négligea à peu près. Au xviiie siècle et sous Napoléon Ier, l'adultère était proscrit de la scène. Mais des œuvres comme *Delphine*, de Mme de Staël,

---

[1] Dans un article sur l'amour chez Donnay, nous trouvons cette phrase : « Les devoirs propres de l'amour, supérieurs à toute morale contraire, selon la thèse romantique ». (« Maurice Donnay », par Léopold Lacour, dans la *Revue de Paris*, 15 janv. 1903). Voir aussi Catulle Mendès, *L'art au théâtre*, pp. 239-240.

Armance, Le rouge et le noir, De l'amour, de Stendhal, les
romans passionnels de George Sand, des pièces comme
Antony, « cet Antony, auquel une partie des pièces modernes,
et même des pièces contemporaines, doivent remonter (1) »,
accoutumèrent le public à l'expression littéraire et dramatique de l'idée que la passion érotique est irrésistible
et qu'elle prime tous les droits. Stendhal dit : « L'amour a
toujours été pour moi la plus grande des affaires, ou plutôt
la seule (2) ». George Sand dit : « Tous les romans sont des
histoires d'amour (3) ». On cite des paroles de Donnay qui
expriment le même sentiment sur toutes les pièces de
théâtre. La part de l'influence naturaliste se voit dans la
représentation de l'amour comme une passion presque exclusivement animale, malfaisante, touchant à la perversion ;
nous l'avons déjà remarquée.

Mais je prévois qu'on pourra faire ici une objection...
on me l'a même déjà faite. On me dira : « La littérature
anglaise, la littérature allemande, ont subi l'influence du
romantisme tout autant que la littérature française. On ne
retrouve pourtant pas dans le théâtre anglais et allemand
cette prédominance démesurée de l'amour, ni, surtout, ce
traitement du sujet. C'est donc par le caractère français
qu'il faut l'expliquer. N'avez-vous pas cité des Français
comme Paul Flat, comme le critique distingué, le correspondant anonyme du professeur Phelps, comme d'autres
critiques qui, en faisant des comptes-rendus de pièces,
s'accordent à reconnaître que ces pièces donnent un tableau
juste et rendent un compte exact de la société française,
ou tout au moins parisienne ? Comment alors voulez-vous
appeler ce traitement de l'amour une convention du théâtre ?
Convention, soit, mais convention sociale, que le théâtre ne
fait que reproduire fidèlement. »

Question délicate pour un étranger. Je ne prétends pas

---

(1) Bédier et Hazard, *Littérature française illustrée*, vol. II, p. 203.
(2) *Ibid.*, p. 216.
(3) *Ibid.*, p. 209.

en savoir plus long que les messieurs que je viens de mentionner. Aussi, je tiens à ne pas exprimer ici mes opinions
personnelles, et je préfère laisser à d'autres le soin de juger
de la vérité ou de la fausseté de ces choses. Je crois que la
question principale peut être résolue indépendamment
d'elles. Mais d'abord, il faut se dépouiller de toute prévention,
et de toute notion préconçue sur la moralité en regard d'idées
qui ne sont ni morales ni immorales.

Il y a plusieurs sujets dépendant de celui de l'amour, des
sujets qu'on rencontre constamment dans les pièces contemporaines, que j'ai laissés de côté. Nous entendons dire à
maintes reprises qu'une jeune fille de la bourgeoisie ne peut
trouver de mari si elle est sans dot, que tous les jeunes gens
ont des maîtresses, qu'on ne fait que rarement des mariages
d'amour (Brieux a dit : « Ce sont là des bêtises qu'on ne fait
plus »), qu'en matière de sexe il y a une morale pour les
hommes et une autre, beaucoup plus sévère, pour les femmes.
Il y a des discussions sur toutes ces choses dans les pièces.
Mais je reconnais qu'il s'agit là, en effet, de conventions
sociales françaises... la dernière, qui est la plus illogique,
existe plus ou moins dans tous les pays, plus forte en France
qu'aux Etats-Unis, moins forte qu'en Orient. Ces questions,
si intéressantes qu'elles puissent être, ne rentrent donc pas
dans le domaine des conventions du théâtre.

Revenons donc à notre principale question. Et pour
commencer, n'hésitons pas à affirmer que les Français,
comme toutes les races latines, sont beaucoup plus sensibles
que nous aux suggestions sexuelles intérieures. Ils ont un
mot, *gauloiserie*, qui est assez significatif sur ce point. Ils
éprouvent, plus que ne le font les gens de race anglo-saxonne,
cette hantise des intimités physiques, cette « obsession du
corps », qui se traduit de maintes façons. Le constater, ce
n'est pas leur faire un reproche. Cependant, beaucoup
d'Américains se laissent trop facilement porter à croire que
les Français sont « immoraux » à cause de cette différence
dans la psychologie des deux races, et beaucoup de Français,
ne comprenant pas qu'on puisse être moins sensible qu'eux-

mêmes à ces impressions, nous taxent trop volontiers d'hypocrisie (1).

Cette différence psychologique existe depuis longtemps, et elle continue d'exister au fond malgré les manifestations extérieures aux Etats-Unis depuis la guerre, pièces de théâtre à New-York, romans et autres écrits, etc., qui pourraient sembler indiquer un revirement d'idées. Un indice qui ne trompe pas, ce sont les coutumes sociales dans les deux pays. En France, une jeune fille de la bourgeoisie ne sort pas seule avec un homme, à moins qu'il ne soit un proche parent ; les écoles mixtes sont à peu près inconnues, et ceux qui voudraient établir la « co-éducation » se heurtent à une très vive opposition de la part des parents ; quelquefois même, quand un lycée de jeunes gens et une pension de jeunes filles sont dans la même ville de province, on fixe des dates différentes pour le commencement des vacances et la rentrée des deux institutions, afin que jeunes gens et jeunes filles ne voyagent pas ensemble. Dans des pays comme l'Inde et la Turquie, les femmes sont tenues rigoureusement à l'écart. Aux Etats-Unis, hommes et femmes, jeunes gens et jeunes filles, prennent part à presque toutes les activités de la vie en commun. On verra qu'en général, chez les peuples civilisés, plus la psychologie de la race est préoccupée des rapports purement physiques entre les deux sexes, plus

(1) Les deux partis ont tort. Les sensations sexuelles, physiologiques ou psychologiques, n'ont rien à faire avec la morale. Et l'hypocrisie sexuelle existe en France comme ailleurs. Je la crois quelquefois inconsciente, comme dans le cas d'un jeune homme que je connaissais pendant la guerre. Il avait eu plusieurs maîtresses, et trouvait cela tout à fait louable ; il prétendait qu'il en serait un meilleur mari. Mais il voulait se battre en duel avec un Américain qui avait dit qu'on pouvait « avoir » toute femme française si on s'y mettait, parce qu'il trouvait que cette déclaration était une insulte pour sa mère et sa sœur. Mais pourquoi une insulte ? Si une liaison était louable pour lui, elle devait être louable pour la femme qui s'y trouvait nécessairement associée ; alors, pourquoi pas pour sa sœur et un autre homme ? Je veux bien croire qu'il ne se rendait pas compte de l'hypocrisie essentielle de sa manière de raisonner. Le roman d'Anne Sedgwick, *The Little French Girl*, expose admirablement les deux psychologies nationales, anglaise et française, sur cette question de l'Amour.

les mœurs exigent qu'ils soient séparés l'un de l'autre. Dans l'Inde et au Maroc, la femme n'est qu'un instrument sexuel, ou à peu près (1). La différence entre les mœurs françaises et américaines (ou anglaises, ou même, à un degré moindre, allemandes), suffit à démontrer que la différence psychologique dont je parle est une vérité.

En voici une autre indication , et elle étonnera assurément les Américains qui ne connaissent pas la France. Les bons bourgeois français, qui écoutent au théâtre les choses les plus « raides » sans broncher, sont choqués en y voyant ce qui nous paraît absolument banal, je veux dire un baiser sur la bouche. Dans un article, « Nos auteurs et le théâtre anglais » (2), on lit qu'une scène de la pièce *My Cousin Kate* où deux fiancés « s'embrassaient longuement sur la bouche » scandalisa une certaine actrice parisienne, réputée de mœurs légères. Mme Simone, dans son article sur le théâtre américain cité au cours de notre troisième chapitre, trouve nécessaire d'expliquer à ses lecteurs français que lorsque deux personnes, dans une pièce américaine, s'embrassent sur la bouche, « personne parmi les spectateurs n'en est troublé. Cela n'est que confiant et tendre ». Dans *Les petits*, pièce de Népoty, un veuf a épousé une veuve, tous deux ayant des enfants. Il y a une scène dans laquelle le fils de l'un et la fille de l'autre vont jusqu'à s'embrasser « comme on le fait au théâtre » (mais ils le font derrière un journal déplié, pour épargner la susceptibilité des spectateurs), et aussitôt après fondent en larmes devant l'énormité de ce qu'ils viennent de commettre. A première vue, nous ne savons expliquer un tel émoi devant une chose qui, chez nous, se passe communément, non seulement entre fiancés, mais aussi entre mère et fils, entre père et fille, et souvent entre amis et amies. C'est la psychologie sexuelle des Français, différente de la nôtre, qui leur suggère immédiatement des relations bien plus

(1) *Mother India*, livre savamment documenté, de Katherine Mayo, attribue tous les maux du peuple indien à l'excès de sa psychologie sexuelle.

(2) *Recueil Stoullig* 17 juillet 1905.

intimes là où nous ne voyons rien. On trouve cette différence
même en comparant le point de vue français au point de vue
allemand. Voici ce que dit Brisson, dans un compte-rendu de
la pièce de Förster, *Alt-Heidelberg*, traduite en français
et représentée à Paris en 1906 : « Il (le prince) embrasse
Catherine et la tutoie. Catherine lui rend avec ivresse tutoie-
ments et baisers. Et nous saurions ce qu'il en faudrait
conclure, si c'était une pièce française mettant en scène de
jeunes Français. Mais sous la plume de M. Förster, ces
familiarités ne semblent pas tirer à conséquence, elles s'en-
veloppent d'une sorte d'ingénuité . Ces traits curieux correspondent à des mœurs qui ne sont pas des nôtres et impriment
à l'ouvrage une couleur savoureuse. »

Tout ceci n'est pas pour prouver que la conduite des
personnages dans les pièces françaises contemporaines,
lorsqu'il s'agit de l'amour, est vraie plutôt que conventionnelle. C'est seulement pour expliquer pourquoi, en France,
l'influence romantique a porté particulièrement sur l'amour
et lui a donné une importance, dans le roman et sur la
scène, qu'il n'a jamais eue en Angleterre, en Allemagne,
ou aux Etats-Unis.

Henry Bordeaux raconte comment il a assisté à la représentation, à Mulhouse, en Alsace, d'une pièce de Wolff,
L'âge d'aimer. Il a éprouvé une espèce de honte en voyant
combien elle semblait déplacée dans ce qu'il appelle « un
milieu normal », où les gens travaillaient tous les jours et
menaient une vie saine, et en observant l'ébahissement de ces
honnêtes spectateurs, qui, il faut le rappeler, n'étaient pas
de race vraiment française. Le rideau tombé, son hôte
alsacien lui demanda : « Vous êtes donc le peuple de Vénus ? »
Bordeaux ajoute que dans la pièce, « aucune nécessité de la
vie ne détournait de l'amour ces fantoches, jeunes ou vieux.
Ils ne pensaient qu'à ça, ils ne vivaient que pour ça, ou
de ça » (1).

Bordeaux, en montrant l'échec que subit la pièce de Wolff

____

(1) *La vie au théâtre*, 1re série, p. 8.

dans ce « milieu normal » alsacien, laisse entendre que Paris ne constitue pas un milieu normal. Est-ce à dire que tous les Parisiens. comme les personnages dans la pièce, ne vivent que « pour ça, ou de ça » ? Evidemment non, et pour une raison très simple : ils n'en ont pas le temps. « Aucune nécessité de la vie ne détournait de l'amour ces fantoches », dit Bordeaux. Mais la plupart des gens, même à Paris, trouvent qu'il y a des nécessités de la vie qui les en détournent constamment. N'étant pas des fantoches, ils sont obligés de travailler. « L'amour, dit Brunetière, n'est et n'a jamais été, ni ne peut être la grande affaire que de quelques désœuvrés, dont le temps n'est ni de l'argent, ni du travail, ni quoi que ce soit qui puisse se transformer en utilité sociale (1). »

Si les pièces d'amour représentaient toujours un milieu de désœuvrés, la question serait un peu différente, mais c'est rarement le cas. *La Parisienne* et *La navette*, de Becque ; *L'école des veufs*, d'Ancey ; *Le prince d'Aurec*, de Lavedan ; *Amants, L'affranchie, La douloureuse, La vrille*, de Donnay ; *Poliche*, de Bataille ; *Le détour* et *Joujou*, de Bernstein ; *Les marionnettes*, de Wolff ; *L'âne de Buridan*, de Flers et Caillavet ; *Le joug*, de Guinon ; *Le bourgeon*, de Feydeau ; *La bourse ou la vie*, de Capus ; *Le bercail*, de Bernstein ; *La meute*, d'Hermant : voilà toutes les pièces qui nous montrent des désœuvrés seuls, ou presque seuls, préoccupés de l'amour. Et dans plusieurs de ces pièces (auxquelles je devrais, peut-être, ajouter *La chance de Françoise* et *Le passé* de Porto-Riche), des gens qui ne paraissent être que des désœuvrés sont censés avoir un métier ou une profession.

Voilà donc déjà une bonne part de convention, puisque, dans les autres pièces, il ne s'agit pas de désœuvrés, et souvent on traite de sujets assez importants et intéressants en eux-mêmes sans qu'il y ait besoin d'amour (2). « Cependant, notre

____

(1) Cité par Scheifley, *Brieux and Contemporary French Society*, p. 415.

(2) A propos de *La robe rouge*, où l'auteur a résisté à la tentation d'insérer une intrigue d'amour, André Fouquier écrivit dans le *Figaro* du

dramaturgie aveugle essouffle ses gravités en rythme équivoque, avec obstination : que la pièce traite de sociologie,
de politique, de religion, des procédés de la peinture, du titre
des successions, de l'exploitation des mines, de l'invention
d'un fusil, de la découverte d'un produit chimique, de quoi
que ce soit... il y faut une histoire d'amour ! nous n'y échappe-
rons pas ! » Ce sont les paroles de Polti (1), et elles montrent
pourquoi l'amour, dans ces pièces que nous discutons, est
bien une convention du théâtre. Ce n'est pas que les situations représentées soient impossibles ou foncièrement fausses
en elles-mêmes. Elles existent. Mais la règle des trois unités
n'était pas foncièrement fausse non plus, puisqu'on pouvait
construire des pièces logiques dans lesquelles le temps écoulé
n'était pas plus long que celui de la représentation, et puisqu'on pouvait sans faire violence à la réalité rester dans un
même lieu. Cette règle est quand même une convention,
précisément parce que c'est une règle et qu'il y a trop de
circonstances auxquelles elle ne s'applique pas. Et les
pièces « innocentes » de la scène anglaise et américaine, où
il y a toujours une petite histoire d'amour avec un mariage
à la fin ? Et le cinéma américain d'aujourd'hui, où il y a
ce même phénomène (2) ? C'est une convention sociale qui
y est représentée, assurément, car la plupart des gens se
marient, mais c'est aussi une convention du théâtre et du
cinéma, personne ne le niera. A titre égal, nous pouvons
appeler la représentation de l'amour au théâtre français
contemporain une convention théâtrale, et cela si nous
voulons aller jusqu'à admettre, avec certains critiques que
j'ai cités, qu'elle reproduit la vérité.

En général, surtout par les conventions extérieures, le

14 mars, 1900 : « Notez qu'il n'y a ni amour, ni adultère, ni « cocotte »,
ni « demi-vierges », ni Bob, ni marcheur, jeune ou vieux. Et, cependant,
le public était, pour ainsi dire, haletant devant les péripéties. »

(1) *Les trente-six situations dramatiques*, p. 31 *et seq.*

(2) En « dramatisant » pour le cinéma des livres comme, par exemple,
The Lost World de Conan Doyle, on les amoindrit en y ajoutant des épi-
sodes d'amour que l'auteur n'y avait point mis.

théâtre contemporain marque une avance sur la période
précédente vers la réalité. C'est surtout le traitement de
l'amour, et avec cela certains personnages conventionnels,
qui l'empêche d'être tout à fait satisfaisant. Nous sommes
au seuil d'une nouvelle période. Plusieurs des auteurs que
nous avons discutés sont morts ; d'autres produisent peu ou
pas — *vide* Donnay, Porto-Riche, Lavedan. Les dramaturges
de depuis la guerre cherchent à faire autrement, à trouver
quelque chose qui soit plus réel, mais sans parti pris de
naturalisme ou de pessimisme. Nous ne savons encore ce qui
en résultera. Quant au drame bourgeois dont nous avons eu
à parler, il n'est pas encore périmé ; il compte des pièces
qui intéressent toujours le public quand elles sont bien jouées
(ce qui est généralement le cas à Paris), et quelques-unes
pourront un jour prendre place dans la littérature dramatique nationale.

APPENDICE

Dans tout l'appendice, le classement est par ordre alphabétique des auteurs et par ordre chronologique des pièces de chaque auteur.

1) CLASSEMENT DES PIÈCES SUIVANT LES GENRES (noms donnés par les auteurs). (Voir le chapitre II).

Comédies

L'école des veufs, La dupe, Ces messieurs, L'enchantement, Maman Colibri, Poliche, L'enlèvement, La navette, Les honnêtes femmes, Les corbeaux, La Parisienne, Le petit café, Le marché, Le détour, Joujou, Le bercail, La griffe, La crise, Blanchette, L'engrenage, L'évasion, Les trois filles de Monsieur Dupont, Le berceau, La couvée, Les hannetons, La Française, La femme seule, Le bourgeois aux champs, Miquette et sa mère, L'amour veille, Le roi, L'âne de Buridan, Le bois sacré, Primerose, Monsieur Brotonneau, Brignol et sa fille, Rosine, Mariage bourgeois, Les maris de Léontine, La bourse ou la vie, La veine, La petite fonctionnaire, Les deux écoles, La châtelaine, L'adversaire, Monsieur Piégois, En garde !, Hélène Ardouin, Boubouroche, L'invitée, La figurante, La vrille, Amants, La douloureuse, L'affranchie, L'autre danger, Le retour de Jérusalem, L'argent, Le bien d'autrui, La vie publique, Le bourgeon, La petite chocolatière, Le joug, Décadence, Son père, Le bonheur, L'esbroufe, Bagatelle, Le prince d'Aurec, Le député Leveau, Le pardon, L'âge difficile, La massière, Les affaires sont les affaires, Le foyer, La chance de Françoise, Le passé, La plus faible, L'irrégulière, Le secret de Polichinelle, Le ruisseau, La cruche, Les marionnettes, l'amour défendu.

Total. :. 84

Pièces

La marche nuptiale, La femme nue, Le scandale, La vierge folle,
L'enfant de l'amour, Les flambeaux, Le phalène, La rafale, Le voleur,
Samson, Israël, Après moi, L'assaut, Le secret, Un divorce, L'émigré,
La robe rouge, Les remplaçantes, Maternité, Les avariés, L'armature,
Simone, Suzette, L'attentat, Les deux hommes, L'enfant chérie,
Cœur à cœur, L'envers d'une sainte, Les fossiles, Le repas du lion,
La nouvelle idole, La danse devant le miroir, Georgette Lemeunier,
Le torrent, L'escalade, Paraître, Les éclaireuses, Les ventres dorés,
La maison d'argile, Les vainqueurs, Un grand bourgeois, Vers
l'amour, Le partage, La meute, Les tenailles, La loi de l'homme,
La course du flambeau, L'énigme, Le dédale, Le réveil, Connais-toi,
La poigne, Le marquis de Priola, Le duel, Servir, Révoltée, Les
mauvais bergers, Amoureuse, Le vieil homme, Pierre et Thérèse.

Total : 60

Drames

Michel Pauper, Mariage blanc.

Divers

La barricade, Les paroles restent, La sérénade, Le maître, La mer.

Vaudevilles

L'anglais tel qu'on le parle.

2) CLASSEMENT DES PIÈCES SUIVANT LE MOTIF DE L'AMOUR
(Voir le chapitre III)

Catégorie A

La dupe, L'enchantement, Maman Colibri, La marche nuptiale,
La femme nue, Le scandale, Les flambeaux, Michel Pauper, L'enlè-
vement, Les honnêtes femmes, La Parisienne, Le marché, Joujou,
Le bercail, La rafale, La griffe, Le voleur, Samson, Israël, Après moi,
Un divorce, L'émigré, La barricade, La crise, Le berceau, L'armature,
Simone, L'amour veille, L'âne de Buridan, Le bois sacré, Monsieur
Brotonneau, Les maris de Léontine, Les deux écoles, L'adversaire,

L'attentat, Les deux hommes. En garde !, Hélène Ardouin, L'enfant chérie, Cœur à cœur, Les fossiles, L'invitée, La figurante, La vrille, La douloureuse, Georgette Lemeunier, Le torrent, L'autre danger, Le retour de Jérusalem, Paraître, L'argent, Les vainqueurs, Un grand bourgeois, Vers l'amour, Le partage, Décadence, Son père, Le bonheur, La meute, Les tenailles, La loi de l'homme, L'énigme, Le dédale, Le réveil, Connais-toi, Bagatelle, La sérénade, La mer, Le duel, Révoltée, Le député Leveau, Le pardon, Mariage blanc, L'âge difficile, Le foyer, La chance de Françoise, Amoureuse, Le vieil homme, L'irrégulière, Les marionnettes, L'amour défendu.

Total : 81

Catégorie B

L'école des veufs, Poliche, La vierge folle, L'enfant de l'amour, Le phalène, La navette, Le détour, Le secret, Maternité, Les avariés, Les hannetons, Rosine, Mariage bourgeois, La veine, La petite fonctionnaire, Monsieur Piégois, Boubouroche, La danse devant le miroir, Amants, L'affranchie, L'escalade, Les éclaireuses, Le bourgeon, Le joug, L'esbroufe, Les paroles restent, Le marquis de Priola, Les affaires sont les affaires, Le passé, La plus faible, Le secret de Polichinelle, Le ruisseau, La cruche.

Total : 33

(*La vierge folle* pourrait être classée sous A, mais la séduction y est plus importante que l'adultère).

Catégorie C

Ces messieurs, Les corbeaux, Le petit café, Blanchette, L'évasion, Les trois filles de Monsieur Dupont, La robe rouge, Les remplaçantes, La couvée, La Française, Suzette, La femme seule, Miquette et sa mère, Le roi, Brignol et sa fille, La bourse ou la vie, La châtelaine, L'envers d'une sainte, La nouvelle idole, Le bien d'autrui, Les ventres dorés, La petite chocolatière, La poigne, Le prince d'Aurec.

Total : 24

Catégorie D

L'anglais tel qu'on le parle, L'assaut, L'engrenage, Le bourgeois aux champs, Primerose, Le repas du lion, La maison d'argile, La vie

publique, La course du flambeau, Le maître, Servir, Les mauvais
bergers, Pierre et Thérèse

Total : 14

3) CLASSEMENT DES PIÈCES SUIVANT LE LIEU : PARIS OU AILLEURS

Entièrement à Paris (y compris la banlieue parisienne)

L'école des veufs, La dupe, La femme nue, L'enfant de l'amour,
Les flambeaux, Les corbeaux, La navette, La Parisienne, L'anglais
tel qu'on le parle, Le petit café, La griffe, Samson, Israël, Après moi,
Un divorce, La barricade, La crise, Le berceau, Les avariés, Les
hannetons, Monsieur Brotonneau, Brignol et sa fille, La bourse ou
la vie, La veine, L'attentat, Les deux hommes, Cœur à cœur, Boubouroche, La figurante, La nouvelle idole, La vrille, Georgette Lemeunier, L'autre danger, Les ventres dorés, Les vainqueurs, Un
grand bourgeois, Vers l'amour, Le joug, Décadence, Son père,
Le bonheur, La meute, Le réveil, La sérénade, Le marquis de Priola,
Le duel, Servir, Révoltée, Le député Leveau, La massière, Le foyer,
La chance de Françoise, Amoureuse, Le passé, La plus faible, Le
secret de Polichinelle, Le ruisseau, La cruche.

Total : 58

En partie à Paris ou dans la banlieue parisienne

L'enchantement, Maman Colibri, La marche nuptiale, Poliche,
La vierge folle, Le phalène, Michel Pauper, L'enlèvement, Le détour,
Le bercail, La rafale, Le secret, L'engrenage, L'évasion, Les rem-
plaçantes, Maternité, L'armature, Suzette, La femme seule, Le
bourgeois aux champs, Miquette et sa mère, L'amour veille, Le roi,
Le bois sacré, Mariage bourgeois, Les maris de Léontine, La petite
fonctionnaire, Les deux écoles, L'adversaire, Hélène Ardouin,
L'enfant chérie, Le repas du lion, La danse devant le miroir, Amants,
La douloureuse, L'affranchie, Le retour de Jérusalem, Paraître,
Les éclaireuses, La petite chocolatière, Le partage, L'esbroufe, Les
paroles restent, Les tenailles, La loi de l'homme, La course du
flambeau, Le dédale, Le prince d'Aurec, Pierre et Thérèse, L'irrégulière, Les marionnettes.

Total : 52

Hors de Paris et de la banlieue parisienne

Ces messieurs, Le scandale, Les honnêtes femmes, Le marché, Joujou, Le voleur, L'assaut, L'émigré, Blanchette, Les trois filles de Monsieur Dupont, La robe rouge, La couvée, La Française, Simone, L'âne de Buridan, Primerose, Rosine, La châtelaine, Monsieur Piégois, En garde !, L'envers d'une sainte, Les fossiles, L'invitée, Le torrent, L'argent, Le bien d'autrui, La maison d'argile, La vie publique, Le bourgeon, L'énigme, Connais-toi, Bagatelle, Le maître, La mer, La poigne, Le pardon, Mariage blanc, L'âge difficile, Les mauvais bergers, Les affaires sont les affaires, Le vieil homme, l'amour défendu.

Toral : 42

BIBLIOGRAPHIE

Cette liste ne comprend pas des histoires de la littérature ou du théâtre en général.

L. ALLARD, *La comédie de mœurs en France au XIXe siècle*, Cambridge, Massachusetts, 1923.

A. ANTOINE, *Mes souvenirs du Théâtre Libre*, Paris, 1921.

N. C. ARVIN, *Eugène Scribe and the French Theater*, Cambridge, Massachusetts, 1924.

H. BATAILLE, *Ecrits sur le théâtre*, Paris, 1917.

L. BECQ DE FOUQUIÈRES, *L'art de la mise en scène*, Paris, 1884.

H. BECQ, *Souvenirs d'un auteur dramatique*, Paris, 1895.

A. BENOIST, *Le théâtre d'aujourd'hui*, Paris.

P. BLANCHART, *Henry Bataille, son œuvre*, Paris, 1922.

— *François de Curel, son œuvre*, Paris, 1924.

H. BORDEAUX, *La vie au théâtre*, Paris, 1910-22.

P. BOURGET, *Pages de critique et de doctrine*, Paris, 1912.

H. BREITINGER, *Les unités d'Aristote avant le Cid*, Genève, 1879.

A. BRISSON, *Le théâtre et les mœurs*, Paris, 1906-13.

— *Le théâtre*, 1906-13.

F. BRUNETIÈRE, *Les époques du théâtre français*, Paris, 1896.

A. CAPUS, *Le théâtre*, Paris.

— *Notre époque et le théâtre*, Paris.

F. W. CHANDLER, *The Contemporary Drama of France*, Boston, 1920.

B. H. CLARK, *Contemporary French Dramatists*, Cincinnati, 1915.

J. COPEAU, *Etudes d'art dramatique*, Paris, 1923.

C.-M. DES GRANGES, *Les conventions du théâtre naturaliste*, Paris, 1904.

D. DIDEROT, *Entretiens*, etc. (*Œuvres complètes*, édition Brière, Paris, 1821).

R. DOUMIC, *De Scribe à Ibsen*, Paris, 1896.

— *Essais sur le théâtre contemporain*, Paris, 1905.

— *Le théâtre nouveau*, Paris, 1908.

A. DUKES, *Modern Dramatists*, Chicago, 1911.

E. FAGUET, *Notes sur le théâtre*, Paris, 1889-90.

— *Propos de théâtre*, Paris, 1903-10.

A. FILON, *De Dumas à Rostand*, Paris, 1898.

P. FLAT, *Figures du théâtre contemporain*, Paris.

V. GIRAUD, *Les maîtres de l'heure*, Paris, 1914.

T. D. GOODELL, *Athenian Tragedy*, New Haven, 1920.

E. E. HALE, Jr., *Dramatists of To-day*, New-York, 1905.
A. HENDERSON, *The Changing Drama*, New-York, 1914.
J. Huneker, *Iconoclasts*, New-York, 1905.
— *Bedouins*, New-York, 1920.
J. JULLIEN, *Le théâtre vivant*, Paris, 1892.
A. KAHN, *Le théâtre social en France de 1870 à nos jours*, Lausanne, 1907.
G. LARROUMET, *Etudes de littérature et d'art*, Paris, 1893-96.
L. LECLERC (« Ludovic Celler »), *Etudes dramatiques*, Paris, 1870-75.
J. LEMAÎTRE, *Impressions de théâtre*, Paris, 1889-1901.
— *Les contemporains*, Paris, 1903.
L. LEWISOHN, *The Modern Drama*, New-York, 1915.
— *The Drama and the Stage*, New-York, 1922.
B. MATTHEWS, *French Dramatists of the Nineteenth Century*, New-York, 1910.
C. MENDÈS, *L'art au théâtre*, Paris, 1895.
H. MODERWELL, *The Theater of To-day*, New-York, 1914.
H. PARIGOT, *Le théâtre d'hier*, Paris, 1893.
W. L. PHELPS, *Essays on Modern Dramatists*, New-York, 1920.
G. POLTI, *Les trente-six situations dramatiques*, Paris, 1912.
— *L'art d'inventer les personnages*, Paris, 1912.
F. SARCEY, *Quarante ans de théâtre*, Paris, 1900-02.
W. H. SCHEIFLEY, *Brieux and Contemporary French Society*, New-York et Londres, 1913.
A. SÉCHÉ et J. BERTAUT, *L'évolution du théâtre contemporain*, Paris, 1908.
H. SMITH, *Main Currents of Modern French Drama*, New-York, 1925.
M. SOURIAU, *De la convention dans la tragédie classique et dans le drame romantique*, Paris, 1885.
A. THALASSO, *Le Théâtre Libre*, Paris, 1909.
P. THOMAS, *The Plays of Eugène Brieux*, Londres, 1913.
E. ZOLA, *Le naturalisme au théâtre* et *Nos auteurs dramatiques* (*Œuvres complètes*, Paris, 1906).

PÉRIODIQUES

NOEL et STOULLIG, *Annales du théâtre et de la musique* (appelées *Annales* dans mon texte).
Recueil Stoullig. Une collection de coupures de journaux, feuilletons dramatiques, etc., des principaux journaux parisiens, contenant des critiques et des comptes rendus de pièces, opéras, concerts, etc.
Comptes rendus et critiques dans *Comoedia*, *Mercure de France*, *Revue Hebdomadaire*, et journaux parisiens.
G. ARLISS, « Realism on the Stage », *Atlantic Monthly*, avril 1923.
A. CAPUS, « Le théâtre de M. Paul Bourget », *Revue de Paris*, 15 avril 1911.
St. JOHN ERVINE, « The Realistic Test in Drama », *Yale Review*, janv. 1922.
L. LACOUR, « Le théâtre de Brieux », *Revue de Paris*, 15 mars 1902.
— « Georges de Porto-Riche. Théâtre d'amour », *Revue de Paris*, 1er juillet 1902.
— « Le théâtre de Maurice Donnay », *Revue de Paris*, 15 janv. 1903.

— « Le théâtre d'Octave Mirbeau », *Revue de Paris*, 15 mai 1903.

— « Le théâtre d'Henry Bataille, » *Revue de Paris*, 1er mai 1910.

R. LAURET, « Les idées de M. de Curel », *La Vie des Peuples*, janv. 1923.

L. LEMONNIER, « Le théâtre d'Henry Bataille », *La Grande Revue*, avril 1922.

— « Le théâtre de M. Maurice Donnay », *La Grande Revue*, sept. 1922.

— « Le théâtre d'Alfred Capus, » *La Grande Revue*, déc. 1922.

A. RIVOIRE, « Alfred Capus », *Revue de Paris*, 15 nov. 1902.

G. ROULHAC, « La poésie d'Henry Bataille », *La Grande Revue*, avril 1922.

INDEX ALPHABÉTIQUE

L'abrév'ation « p. » signifie « pièce »

TABLE DES MATIÈRES

Les Presses Universitaires de France. — Paris-Saint-Amand. — 14-1-1930